书山有路勤为泾，优质资源伴你行

注册世纪波学院会员，享精品图书增值服务

安迪曼系列丛书

# 培训需求分析与年度计划制订

## 基于组织战略，做"对的"培训！

# TRAINING
# NEEDS
# ANALYSIS & PLANNING

崔连斌 胡丽 / 著

电子工业出版社
**Publishing House of Electronics Industry**
北京·BEIJING

**图书在版编目（CIP）数据**

培训需求分析与年度计划制订：基于组织战略，做"对的"培训！ / 崔连斌，胡丽著.

北京：电子工业出版社，2024.4

　（安迪曼系列丛书）

ISBN 978-7-121-47571-9

Ⅰ.①培… Ⅱ.①崔… ②胡… Ⅲ.①企业管理—职工培训 Ⅳ.①F272.92

中国国家版本馆CIP数据核字（2024）第056434号

责任编辑：杨洪军　　　特约编辑：王　璐

印　　刷：三河市双峰印刷装订有限公司

装　　订：三河市双峰印刷装订有限公司

出版发行：电子工业出版社

　　　　　北京市海淀区万寿路173信箱　　邮编100036

开　　本：720×1000　1/16　　印张：15.75　　字数：302.4千字

版　　次：2024年4月第1版

印　　次：2024年4月第1次印刷

定　　价：69.00元

凡所购买电子工业出版社图书有缺损问题，请向购买书店调换。若书店售缺，请与本
社发行部联系，联系及邮购电话：（010）88254888，88258888。

质量投诉请发邮件至zlts@phei.com.cn，盗版侵权举报请发邮件至dbqq@phei.com.cn。

本书咨询联系方式：（010）88254199，sjb@phei.com.cn。

# 前　言

　　培训需求分析与计划制订在人才培养过程中起着至关重要的作用。需求分析诊断精准与否将直接决定企业是否在做"对的"培训，从而决定培训资源的投放是否有效率且有效果。从这个角度来看，培训需求分析与计划制订是每位培训从业者都应该具备的一项基本专业技能。

　　为了让培训经验不同、专业能力水平不同、对培训需求分析与计划制订的实践操作怀有不同期望的读者均能有所启发和收获，本书在逻辑架构和行文措辞上既注重理论与实践相结合，又注重对难易程度的考量。本书中的培训需求分析与计划制订（Training Needs Analysis & Planning，TNAP）模型打破了传统培训需求分析与计划制订"为了做需求分析而做需求分析"的困境，充分融合了绩效改进技术与培训效果评估技术，从而可以有效解决如何确保培训"上接战略要求、中接业务结果、下接能力发展"的问题。

## 阅读对象

　　培训需求分析与计划制订的使用场景多，适用群体广，包含但不限于下列六大读者群体。

- 如果你是一位专职或兼职的初级水平培训从业者，负有培训需求分析、培训计划制订、培训项目设计、课程设计与开发等工作职责，那么本书非常值得你参考。因为本书不仅系统地介绍了培训需求分析与计划制订的理论知识，也提供了贯穿全书的案例和直观易用的工具、模板、表单。

- 如果你是一位专职或兼职的中级水平培训从业者，本书能够帮助你重新认识培训需求分析与计划制订。TNAP模型能够准确且有效地帮助你对过往的需求分析方法和经验进行复盘、提炼、融合，从而形成一套适合你的应用场景的、行之有效的培训需求分析和计划制订方法论。

- 如果你是一位专职或兼职的高级水平培训从业者，本书能够帮助你开阔视野、"站高一线"，从组织战略和经营管理的视角重新审视与指导培训需求分析，从而让你深刻地理解如何在培训需求分析环节将培训工作做到"以终为始"，确保由你主导或协助参与的培训活动回归学习的本质。

- 如果你是一位企业家或企业经营管理者，本书能够在两个方面助力你的经营管理：第一，能够帮助你厘清思路，让培训工作紧扣组织战略和业务结果的要求，确保培训资源精准投放且投入产出效益最大化；第二，能够为你提供清晰的思路，打造一支高水平的培训需求分析与计划制订的专业队伍，确保实现组织战略目标所需的人才梯队批量化培养。

- 如果你是一位教育工作者（包含但不限于职业教育、高等教育），本书有助于启发你的思路，让你更好地思考如何在学校的学科建设过程中开展准确、有效的教学需求分析和人才培养需求分析，从而促进产教融合，解决长久以来存在的一个问题：学校讲授的内容及学生能力培养跟不上劳动力市场和用人单位的实际需要。

- 如果你是一位政府公职人员，角色定位和岗位职责中涉及与区域经济发展、行业产业发展、企业发展相关的人才培养工作，本书所阐述的TNAP方法论同样对你有所裨益。虽然与企业或某个组织的培训需求分析相比，这些人才培养工作所涉及的范围更广、层级更高、复杂度更大，但两者的逻辑是一致的，可以使用相同的方法论。

## 关键收获

在本书中，你可以学习和了解如下关键理念和方法。

- 开阔视野，了解优秀企业培训需求分析与计划制订的最佳实践和操作方法（天潭国际需求分析与计划制订的案例将贯穿本书相关章节）。

- 融合Goldstein模型与绩效改进技术，有效分析不同层面、不同利益相关方对培训的期望和要求，准确识别和判断哪些是培训能解决的问题。

- 根据需求调研的目标进行恰当的调研方法选择和研究规划设计，学会如何开发需求数据收集工具，并且根据不同数据来源采用不同的工具进行数据收集。

- 融合绩效改进技术和培训效果评估技术，对收集的数据进行定性和定量分析，撰写培训需求分析报告，并有效且客观地呈现出来。

- 根据培训需求分析的结果，结合组织战略和人才培养规划，制订可视化、可衡量、可落地的培训计划。

## 阅读建议

无论是为了宽泛意义上的学习，还是为了提高自己培训需求分析与计划制订的能力，能否将本书所阐释的相关理念和方法内化成自己的知识，关键在于你是否能够做到学以致用、用以致学。以下两个建议供你参考。

- 以开明、开放的空杯心态阅读和理解本书所阐释的理念与方法，并且将你认为有用的方法应用到实际工作场景中，在实际应用过程中加深理解。

- 结合过往的成功经验，对本书所阐释的需求分析方法进行重塑，将新方法再次应用于多种类别的需求分析场景中，进一步检验新方法的可行性、稳定性和可复制性。

# 案 例

## 天潭国际需求分析与计划制订

## 一、案例背景

天潭国际是国内一家多元化经营的集团公司，业务覆盖信息通信设备研发、生产、销售、物流、金融等板块。自1993年成立以来，公司迅速成长，效益显著。公司在2003年成立了培训中心，聚焦各层级员工的培训培养。公司经过多年的发展，总结过往经验，形成了培训流程，用于规范培训管理工作中的各个环节。

临近年末，又到了制订下一年度培训计划的时候。根据制度规定，按照以往做法，培训中心通常需要做以下两方面的工作。

- 以电子邮件的形式对全体员工进行问卷调查，汇总分析后形成《年度员工培训需求调查报告》。

- 对中高层管理者进行问卷调查和需求访谈，对信息进行整理分析后形成《年度中高层管理者培训需求调查报告》。

培训中心每年开展培训需求分析工作时，总会面临一些常规问题，如下所示。

- 不确定问卷、访谈提纲的设计是否科学、合理。

- 公司员工对问卷填写不够重视，比较随意，认为就是走过场。

- 全体员工的问卷结果不够聚焦，很难从中甄别、提取出有针对性的需求。

- 培训中心主要根据中高层管理者的问卷调查和需求访谈结果，并且参考往年培训计划，形成次年培训计划，而花了很大精力做的全体员工培训需求调研好像一个形象工程。

培训中心面临的现实挑战如下。虽然有很多信息，但在实际筛选分析时缺乏相应的分析工具和方法，很难从各部门上报的多而散的培训需求中提取出有用的信息。过往的培训计划基本来自岗位提升方面的需求。例如，运维人员的需求基本是提高维护能力，营销人员的需求基本是提高营销能力。每年的需求调查几乎都出现雷同的结果。由于需求表达模糊，每年的培训计划相似度都较高。提报需求时，很多员工选的都是自己感兴趣的，但不一定和现在或未来的岗位相关，与改进企业绩效的关联不明显。

近几年，天潭国际的盈利空间越来越小，公司高层开始关注培训对业绩到底有没有帮助，培训的投入产出比如何。随着外部竞争的加剧，公司管理层意识到，公司要发展，领导者管理理念的改变、知识的更新非常重要，需要加强领导力培训。但是，大环境的变化和公司经营策略的调整、领导力要求的提高等，在年度培训计划中并没有合理地体现出来。

## 二、提出问题

假设你是天潭国际培训中心的负责人，请思考以下两个问题。

（1）如何改变现状？

（2）培训需求分析与计划制订的科学性、合理性对公司人才培养非常重要，到底应该遵循什么样的流程来深入开展这项工作？

# 目 录

# 0

## 引言

十多年前，迈克·杜尔沃斯（Mike Dulworth）和弗兰克·博登那若（Frank Bordonaro）在一项研究报告中指出，成为一个学习型组织是企业成功的关键因素之一。研究结果表明，学习速度越快的企业越成功。2020年度中国培训行业研究结果表明，2020年中国企业培训市场规模为6 699.43亿元，比2019年（5 500.31亿元）增长21.8%；企业培训预算占企业员工工资总额的比例平均为4.31%；企业员工年均培训预算为1 197.87元，企业在管理层级所花费的培训预算最高，占比为39.2%。过去每年全球各地企业花费在员工培训与人才培养方面的总费用为1 000亿美元，如今仅中国企业花费在员工培训方面的预算就超过了1 000亿美元。从数字变化的趋势中可以看出3个重要信号：第一，中国企业在快速成长，业务的高速扩张带来了员工培训与人才培养的急迫需求；第二，中国企业有强烈的意愿在培训上投入资源；第三，中国企业非常注重管理者的赋能与培养，从2015—2020年的培训行业研究结果来看，中国企业尤其注重和加强中层管理者的培训与发展。

随着培训资源投入力度的加大和人才具备度（人才数量、质量、结构合理性）与组织战略目标达成的关联度的增强，企业家、企业核心管理层、业务方管理者均提出了几个关于培训的"灵魂拷问"，这几个问题也是需要企业人力资源管理者和培训管理者回应和解决的问题。

- 培训对企业应该起到什么作用？事实上能够起到什么作用？
- 如何衡量培训的价值和作用？
- 如何让培训发挥应有的价值？

围绕上述几个问题，本书从人才培养与发展全价值链中的一个环节，也是至关重要的一个环节——培训需求分析与计划制订，进行层层剖析。为了让读者高效且准确地理解培训需求分析与计划制订在企业培训中的独特价值和重要意义，同时从整体上了解为何回答上述几个问题的起点和终点都是培训需求分析与计划制订环节，下文从3个维度展开叙述：企业培训与组织战略、培训需求分析在企业培训中的定位、以终为始的TNAP模型。

# 0.1
# 企业培训与组织战略

不同企业、不同利益相关方对企业培训有着不同的认知。狭义的培训指技能的训练和提高，其内涵和外延比学习与发展及人才发展更狭窄。我们在2015年中国培训行业研究中，通过对中国本土企业及全球企业的对标研究发现，企业对"培训"这个概念的理解不完全一致，但总体上有趋同一致的认识，即培训（Training）归属于学习与发展，学习与发展归属于人才发展，人才发展归属于人才管理。但是，绝大部分中国企业及人力资源管理者、培训管理者习惯对"企业培训"进行宽泛意义上的理解和应用，将与技能训练、学习发展、人才发展甚至人才管理相关的事项和举措笼统地称为企业培训。为了顺应认知习惯，也为了便于读者理解本书的内容，本书的"企业培训"指宽泛意义上的培训活动和人才培养举措，而非狭义的技能训练。

每当提及培训，人们的第一反应是知识的了解、技能的训练、态度理念的转变等，或者把培训的目的归结为能力的培养和提高。如果把员工的能力训练和能力具备作为企业培训的过程性目的之一，那么我们是认同的。但是，如果把员工能力提高作为企业培训的唯一目的，而且是唯一的终极目的，那么我们认为这是一个严重的误解。如果人力资源管理者或企业培训从业者存在这一认知偏差，将无法正确分析和解答一系列疑问，包含但不限于以下几个。

- 为什么员工能力提高了，但工作成果并没有得到期望中的改善？

- 为什么员工能力提高了，但业务方管理者对培训结果并不满意？

- 为什么员工能力提高了，但企业高层管理者仍然不认为培训有价值？

迈克·杜尔沃斯和弗兰克·博登那若强调，几乎所有的企业都会提出同样的问题：企业投入培训中的费用与资源是否帮助企业产生了市场竞争优势？企业培训是否帮助企业达成了业务结果，实现了组织战略？由此可见，企业对培训的期望和目标要求绝不局限于员工能力的提高，而是希望企业培训与业务战略相关联。衡量企业培训成功的维度和指标并不局限于员工能力的提高，而是助推业务结果的达成及关键利益相关方期望值回报率（Return on Expectation，ROE）的实现。

通过分析并理解从组织发展到人才管理的逻辑关系可知，企业战略与业务战略决定了企业所需的组织发展架构和组织力要求，组织发展和组织力提高与人才管理密不可分。随着我国经济由高速增长阶段进入高质量发展阶段，组织发展和企业战略目标的达成在很大程度上取决于人才驱动力度的大小。相较于人才规划、人才聘用、人才保留，人才发展在人才管理体系中扮着重要角色，"四分天下有其一"，承担着助推甚至加速组织战略落地的职责。

那么，从组织层面来看，企业培训应该达成的终极期望是什么？在2015—2020年的培训行业研究中，我们对5 000多家企业开展了问卷调研，并对300多家不同营业规模、不同员工数量、不同行业类别的企业做了访谈，发现企业培训应当在三大终极目标上起到应有的作用：第一，支持和助推企业战略落地，如业务结果目标的达成、产品战略的落实、投融资战略的实现、人力资本的积累等；第二，加强企业文化传承，既包括企业内部员工对企业文化的学习与认同，也包括企业文化对外部业务价值链伙伴的输出与影响；第三，推动组织变革，从企业战略层面的数字化转型、敏捷组织力打造到企业执行层面的工作方式变化、工作流程改善和工作习惯养成等，企业培训均被寄予厚望。

从企业人才发展价值链（见图0-1）中的逻辑关系来看，人才发展的可视化产出成果体现在文化指标（如员工满意度、敬业度、雇主品牌等）、业务结果指标（如销售额、成本、客户满意度、安全事故率等）、人力资源指标（如人才数量充分性、人才水平质量高低、人才结构合理性等）的支持力度上，可据此判断企业培训是否直接或间接地支持了企业战略落地、企业文化传承和组织变革。

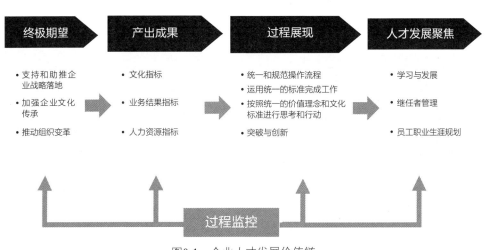

图0-1　企业人才发展价值链

针对企业培训需要达成的相关产出成果，人才发展即企业培训的实践操作和干预措施需要聚焦在三大方面：学习与发展、继任者管理和员工职业生涯规划。由此可见，企业培训的主要目标和终极期望不仅是提高员工能力，更是直接或间接地支持组织战略的实现。此外，企业培训终极期望的达成，并不局限于常规意义上的培训课程学习，而是涉及多元化的继任者管理和员工职业生涯规划的干预手段与资源配套。

# 0.2
# 培训需求分析在企业培训中的定位

既然企业培训已经成为组织战略落地的一个工具和抓手，那么培训需求分析在企业培训中的定位是怎样的？培训需求分析做或不做、做得好与不好，对企业培训结果到底有怎样的影响？多年来，国内外的培训行业研究结果表明，培训需求分析结果精准与否将直接决定企业是否在做"对的"培训。如果培训需求分析的结果有偏差，则意味着企业培训的方向将偏离组织战略的要求，从而带来培训资源的浪费和战略执行中的潜在风险。

关于培训需求分析在企业培训工作中到底处于什么位置，应该起到什么作用，安迪曼方法论™（OnDemand Way™）（见图0-2）认为，需求分析不是一个"单点事件"，而是贯穿企业培训工作的每个层面、每个环节、每个操作流程。

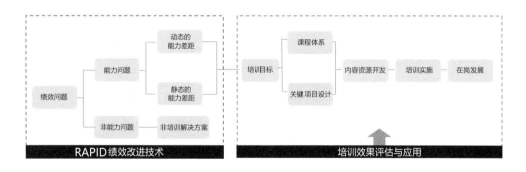

图0-2 安迪曼方法论™

企业中需要做什么培训、如何做培训、培训后需要达到怎样的结果，具体取决于工作场所的需要，即安迪曼方法论™中所展示的绩效问题乃至组织战略要求。厘清不同层面、不同场景的需求的过程，就是培训需求分析的过程。安迪曼方法论™明确指出，培训需求分析过程中所涉及的需求不一定是培训需求。研究结果表明，在导致企业业务出现问题或结果不达标的众多因素中，80%是非能力问题，即并非因为员工知识不够、技能不足或态度不对。针对非能力问题，最有效的解决方法是采用非培训解决方案。培训这种干预手段最有效的使用场景是，针对因能力不足而导致的绩效问题的解决、变革转型或企业未来期望的提升。

培训需求分析具体存在于企业培训中的哪些典型场景和关键环节呢？企业年度培训需求分析工作完成了，是否意味着可以以逸待劳，该年度其他相关的培训需求分析工作就不用再做了？通常情况下，培训需求分析在企业培训工作开展过程中要考虑时间和空间两大维度的变化。随着时间和空间的变化，企业的内部和外部环境会发生相应的变化，因此培训需求也会发生变化。例如，当企业的新产品、新业务增加或减少时，当企业的人员规模扩大或缩小时，当企业的效益提高或降低时，当企业的业务模式更替时，当企业面临气候变化、疫情等外部不可抗力时，任何一项时间或空间因素的变化都会要求企业开展培训需求分析工作。

培训需求分析在企业培训中的价值与作用到底是什么？对此，不同的企业、不同的培训从业者各持己见。众多企业的实践说明可能需要加强培训需求分析工作，或者加强培训需求分析工作是解决问题的一个有效突破口。例如，尽管企业开展了很多培训，从培训内容到培训形式都做了充分的准备，但被培训者仍然抱怨企业的培训不充分、效果不佳、没有达到预期；企业培训部门提供了很多培训项目和服务，但始终苦于无法证明培训的合理性和价值；企业培训部门或企业人力资源部门根据业务方的培训需求和组织战略的需要，力求提供有效的培训，但在培训项目执行过程中，始终无法得到关键利益相关方的支持和认同。如果企业培训方忽视了培训需求分析工作，就很容易出现培训"做得越多越努力""错得越远、抱怨越多"的怪象。

我们认为，采用绩效改进技术进行培训需求分析，能够精确地诊断培训需求与非培训需求，确保企业在正确的方向开展培训工作；采用柯氏四级评估法，可以直观且可衡量地证明培训的合理性和价值；采用Goldstein模型，从组织层面、工作层面和人员层面进行多视角的培训需求分析，能够确保企业在培训需求分析的起始阶段就融入关键利益相关方，并得到所有利益相关方的认同和支持（见图0-3）。

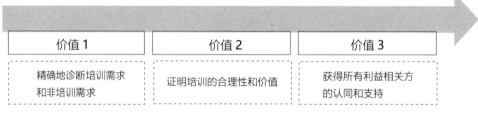

图0-3　培训需求分析的独特价值

# 0.3
# 以终为始的TNAP模型

我们对过去数十年培训行业的研究表明，大多数企业人力资源部门或培训部门均会开展相应的培训需求分析与计划制订工作。不少培训从业者认为，尽管此类例行工作是一件常规且难度系数不大的工作，但结果很难令人满意。企业管理层和培训对象认为"需要的培训没有提供，提供的培训不是所需要的"。那么，问题究竟出在哪里？培训需求分析与计划制订真的如培训从业者所认为的那样，是一件很容易的事情吗？答案是否定的。如果它是一件很难的事情，是不是意味着没有规律可依、没有方法可循？答案也是否定的。

经过多年的需求分析理论研究与实践应用，我们认为培训需求分析与计划制订不是一件想当然的、凭经验就能做好的事情，而是一项需要融合绩效改进技术、培训效果评估、培训项目设计、工作任务分析等多种学习技术和管理理念的专业工作。要做好这项工作，基础前提是采用"以终为始"的理念，即基于组织战略要求，服务于业务结果指标的达成，满足个体能力的提高。当然，培训需求分析与计划制订也不是高深莫测的玄学，可以参照一定的方法、流程、操作标准和规范来精准地开展。

TNAP模型如图0-4所示，培训需求分析与计划制订可以按照六大环节操作完成，"设计重点培养项目"作为一个可选项，不是培训需求分析与计划制订的必需环节。

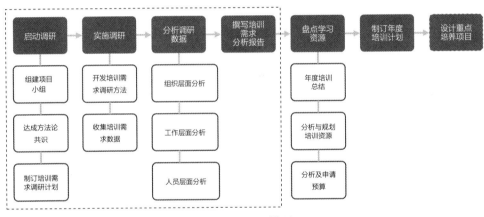

图0-4　TNAP模型

## 0.3.1　启动调研

该环节包含组建项目小组、达成方法论共识、制订培训需求调研计划。组建项目小组的关键作用是确定项目小组成员，明确职责分工，确认项目的计划与进度要求。项目小组成员的构成直接决定了培训需求分析与计划制订项目落实的力度与顺畅程度。例如，项目小组组长由公司高管担任和由培训主管担任，在项目执行落实过程中利益相关方的重视程度将大不一样。明确职责分工不仅指常规意义上的职责边界划分，更重要的是在项目启动阶段就需要做好项目小组成员之间的能力互补与匹配。项目的顺利完成，要求项目小组成员具备项目管理、研究设计、问卷调研开发、访谈大纲开发、数据收集技巧、数据分析方法和工具掌握、需求分析报告撰写、分析结果汇报呈现、培训计划制订等多维度能力与技巧，并做好角色划分。

## 0.3.2　实施调研

该环节包含开发需求调研方法和收集需求数据。调研方法有很多，如访谈法、问卷调研法、文档分析法、工作任务分析法、观察法、关键事件法等。各种方法是否都适用？是否采用的调研方法越多越好？答案是否定的。在不同企业、不同场景、不同调研目的下，所需的调研方法有所差异。在众多调研方法中，一对一访谈法、小组访谈法、问卷调研法较为常用。对绝大多数培训从业者而言，各种调研方法的设计与开发是一个技术难点。调研方法开发不到位，其效度（准确性）和信度（可靠性）不达标，则意味着所收集数据的准确性和可信性会受到巨大的损害，导致培训需求分析的结果偏离真实的需求甚至出现需求误导。因此，调研方法的设计与开发至关重要。问卷数据和访谈数据的收集方法及专业能力的具备度将决定数据收集的准确性与充分度。

## 0.3.3　分析调研数据

通常情况下，企业进行培训需求调研时，会将主要精力和注意力投放在潜在培训对象的学习诉求和学习偏好上，所采集和分析的需求数据偏重人员需求层面，而忽略了更重要的组织层面和工作层面。

在需求数据分析阶段，建议分别从宏观的组织层面、中观的工作层面和微观的人员层面着手，以保证分析结果的精准性。组织层面的分析能够基于战略要求分析并锁定需要重点培养的关键对象群体，如果该层面的需求分析出现偏差，则意味着企业后续提供的培训将出现目标方向的偏差和资源浪费。工作层面的分析能够界定清楚要想承接战略目标需要达成怎样的业务结果指标，从而促进培训与业务需求之间的衔接和匹配，否则容易使业务方认为"培训没有用"。人员层面的分析是为了判断执行特定工作的员工执行各项工作的情况。

## 0.3.4　撰写培训需求分析报告

培训需求分析报告的内容不仅包含培训需求，还包含但不限于如下几个关键部分：报告概述、数据收集方法选择与调研方法开发、数据来源及数据收集过程介绍、数据分析方法介绍与数据分析结果呈现、数据分析结论与解决方案建议。在撰写培训需求分析报告的过程中，强调和凸显培训的需求是关键核心。与此同时，建议不要忽略非培训的需求总结与解决方案建议，这是培训需求分析项目一个非常有价值的产出成果，而且有助于近80%非培训问题的解决。

培训需求分析报告撰写完成后，非常重要但常常被培训从业者忽视的一个环节是报告的汇报与呈现。如何向决策层汇报分析结果？如何向管理层呈现报告？如何向潜在学员代表呈现报告？向决策层汇报分析结果的目的在于得到高层的资源支持和战略重视，因此呈现的内容应侧重组织层面重点关注的培训需求和解决方案建议。向管理层呈现报告的目的在于寻求后续培训实施过程中管理层的业务支持和积极参与，因此呈现的内容应侧重与业务问题紧密相关的培训需求分析结果和解决方案建议。向潜在学员代表呈现报告的目的在于激发学员的学习意愿和信心，因此呈现的内容应凸显学员群体的能力差距和学习偏好。

## 0.3.5 盘点学习资源

一般情况下，人们会误以为培训需求分析报告撰写完成后应该直接进入培训计划制订环节。为了确保培训计划的制订做到"承前启后、适合匹配"，建议在正式进入培训计划制订环节之前，先盘点相应的学习资源。学习资源的盘点包含但不限于：分析年度培训计划完成情况、分析与规划培训资源、分析及申请预算。在学习资源盘点过程中，需要重点关注学习内容资源和师资。学习内容资源盘点很容易陷入过度依赖或过度"信赖"已有内容资源的误区。例如，当某个岗位或岗位序列已有课程体系/学习地图时，是否应该把课程体系中的相关学习主题直接套用到培训计划中？评判的标准不是经验，而是培训需求分析的结果。

## 0.3.6 制订年度培训计划

计划为目标的实现提供切实可行的方案，因此如果能按年度培训计划实施，则成功完成预期目标的可能性将大大提高。通过制订年度培训计划，可以对工作的轻重缓急进行安排，使工作更加有效率。未来是不断变化的，计划是预测这种变化并且设法消除变化对组织造成的不良影响的一种有效手段。计划可以减少不确定性，使人们预见到行动的结果。

制订年度培训计划时，通过分析各种解决方案，选择最有效的方案来实施，使有限的资源得到合理的配置，从而减少资源浪费，提高效益。年度培训计划所设立的目标、责任人、时限等便于对进度和质量进行考核，对计划的执行者有较强的约束和督促作用。在多年的培训行业调研和观察过程中，我们惊讶地发现，企业人力资源部门或众多培训从业者常常将培训主题的罗列等同于培训计划的制订。培训计划真的只是一系列培训主题的罗列吗？显然不是。那么，如何制订一份"全面可视"且易于评估与衡量的年度培训计

划呢？如图0-5所示的9个步骤，可以对制订"全面可视"的年度培训计划起
到非常重要的作用。

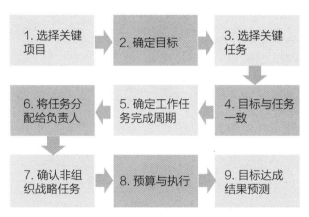

图0-5　制订"全面可视"的年度培训计划的9个步骤

# 01

第1章

# 培训需求分析概览

通常情况下，企业在规划与设计培训活动之前，需由培训部门、主管负责人及相关工作人员采取各种方法和技术，对即将参与培训的目标群体在培训目标、知识结构、技能状况、岗位胜任要求等方面进行系统性、针对性的鉴别和分析，从而确定培训的必要性、培训目标、培训内容和培训方式，这一系列活动与过程称为培训需求分析（Training Needs Analysis，TNA）。

培训需求分析是培训评估的前提和基础，主要目的在于确定培训目标、制订培训计划、设计培训方案及有效实施培训活动。准确的培训需求分析是企业培训工作及时有效实施的重要保证。

培训需求分析是企业培训活动整个流程的首要环节，也是企业培训管理者的第一基本功，精准的需求分析诊断对企业的培训工作至关重要。这一步骤如果被忽略，或者分析出来的结果没有很好地抓住企业在人才培养方面的真正需求，将使后续的培训工作失去可靠的前提和基础，很容易出现一种极端后果，即培训工作做得越好、越努力、越丰富，越偏离企业的正确方向，最终导致南辕北辙。

# 1.1
# 培训需求分析的定义和维度划分

尽管众多企业都在不断进行不同层面、不同规模、不同场景下的培训需求分析，但如果问到底什么是培训需求分析，相信会有各种各样的定义和见解。透过现象看本质，从培训需求分析的本质逻辑和终极目的来看，可以给培训需求分析下一个简单而朴实的定义：培训需求分析是指通过收集组织及其成员现有绩效的相关信息，找出现有绩效水平与理想绩效标准之间的差距，从而发掘组织及其成员在知识、技能与态度方面的差距，最终为培训活动提供依据。培训需求分析是一种研究培训意图、培训对象、培训内容、培训实施及其相互关系的方法和过程。

针对复杂度不同、紧迫程度不同、重要性不同、受众群体不同的培训需求分析，所采用的方式方法及资源配置会有所差异。但是，不同场景、不同目的下的培训需求分析具有共通的逻辑规律可以遵循。总体来看，任何企业/组织的任何培训需求分析，都要做到精准有效，并在培训需求分析研究、设计和操作的全流程中融入5个维度，如图1-1所示。

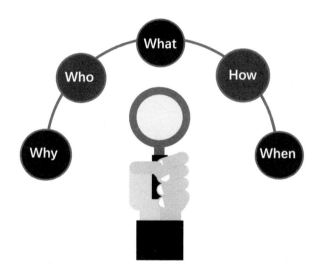

图1-1　培训需求分析的5个维度（4W1H）

## 1.1.1　Why：为什么要培训

### 1. "需要的培训" vs "想要的培训"分析

所谓"需要的培训"，是指组织战略目标实现、业务结果指标达成所必不可少的培训。换言之，如果某项或某些培训需求得不到满足会制约和阻碍组织战略目标的实现与业务结果指标的达成，这项或这些培训需求就是"需要的培训"。企业培训资源应该优先满足"需要的培训"需求。

所谓"想要的培训",是指可有可无的培训,如果它能满足"想要的培训"需求,则锦上添花,即使不提供该类培训,也不影响组织战略目标的实现和业务结果指标的达成。在企业培训工作开展过程中,一种情况是容易将"需要的培训"和"想要的培训"混为一谈,认为两者都是所谓的"培训需求",实则不然;另一种情况是出于压力或利益驱使而刻意迎合"想要的培训",导致培训资源浪费、效果不佳或培训工作偏离企业发展的正确轨道。

### 2. 可行性分析

可行性分析是指在培训前进行成本效益分析,它预测的是培训所带来的收益和培训成本。可行性分析可以判断是否值得进行培训。如果把可行性分析前置到培训需求分析阶段,能够"以终为始",正确地决策哪些培训应该做,哪些培训不值得做;哪些培训应该优先进行,哪些可以延缓推进。

## 1.1.2 Who:谁会参加培训

### 1. 锁定目标人群

企业培训需求分析中的首要关键环节是基于对组织战略的解读,分析并确定支撑战略目标实现的关键业务方向和关键人群,从而精准锚定资源投放方向。

### 2. 学员分析

针对关键人群,进行能力差距分析、学习风格和学习偏好分析,从而为后续培训策略的选择和学习方式的匹配提供可靠的依据。

### 1.1.3　What：什么是最佳操作

#### 1. 工作任务分析

针对关键人群，分析其岗位任务和胜任要求。通过访谈、观察、文档分析、工作坊等方式，分析和诊断关键岗位的工作职责、工作任务、绩效标准、能力要求等。通过工作任务分析，了解其典型场景和最佳操作。

#### 2. 目标分析

通过工作任务分析，在最佳操作标准的指引和参考下，找到更好的方法去完成任务以取得最好的结果。目标分析有助于确定新的改善目标及改善依据。

### 1.1.4　How：如何才能弥补业绩缺陷

#### 1. 绩效差距分析

绩效差距分析方法是一种被广泛采用且非常有效的培训需求分析方法，主要聚焦组织或组织成员存在的问题，分析组织或组织成员现状与理想状况之间的差距，分析、诊断存在哪些方面的差距及差距有多大。

#### 2. 根因分析

在绩效差距分析的基础上，确认和提出造成差距的症结与根源，明确培训是否为解决这些问题、提高组织绩效的有效途径。从绩效改进技术的视角来看，导致绩效差距的根源与下列几大类因素有关：环境因素、员工个体因素、完成工作所需要的信息具备度、培训充分程度、工具与支持手段的满足度、激励与动机等。在绩效差距的形成过程中，多种因素之间相互交错影响。培训需求分析的重点和难点在于如何区分与识别哪些问题是培训的问题，哪些问题是非培训的问题。在需求分析过程中忽视根因分析，容易造成培训目标不明确甚至培训资源乱投放。

## 1.1.5　When：什么时间培训

### 1. 业务周期考量

培训存在的价值和意义是支持与助推业务，因此培训时间的安排服务于业务发展的需要，遵循业务周期的安排。例如，在业务旺季或业务攻坚冲刺期间，培训时间的安排需要让位于业务。

### 2. 学习效果考量

随着工作方式、生产方式和科学技术的发展变化，与传统培训模式相比，学习时间选择的余地和弹性更大，既可以采用线下学习，也可以采用线上学习；既可以集中学习，也可以分散学习。学习方式的变化不仅带来了学习空间的延展，也为学习时间的选择带来了巨大的弹性。随着学习时间选择的弹性越来越大，培训从业者如何进行学习时间安排呢？从多年的实践经验和众多企业的最佳操作来看，学习时间的决策依据还是要回归到学习效果的考量，即以利益相关方期望达成怎样的学习效果为依据来决定如何安排学习时间。

# 1.2
# 培训需求分析对企业的作用与价值

培训需求分析对企业的作用与价值主要体现在3个方面：准确诊断培训需求与非培训需求、证明培训的合理性和价值、获得利益相关方的认同和支持。

## 1.2.1　准确诊断培训需求与非培训需求

需求分析能够帮助人们准确地判断哪些是能力的问题、哪些是非能力的问题，从而判断哪些是可以通过培训解决的问题，哪些是无法通过培训解决的问题。研究结果表明，只有当组织绩效问题是由于知识不够、技能不足、态度不对等因素造成的时，培训才是最直接且有效的一种干预手段。换言之，培训最擅长解决因能力不足导致的绩效问题。在企业中，大约80%的绩效问题属于非能力的问题，无法通过培训或其他学习活动来解决。例如，员工没有完成业务结果指标是因为人岗不匹配、激励机制不配套、岗位设计及工作流程不合理等，此类因素属于非能力范畴，最恰当的解决方法不是培训，而是非培训的干预措施。

## 1.2.2　证明培训的合理性和价值

随着国家对高质量发展战略的日益强调和重视，以及企业数字化转型和低碳化发展目标的紧迫性与日俱增，企业对培训及培训效果的重视程度日益提升。企业的业务方和管理层期望看到培训的支持作用和价值创造。由此给企业人力资源部和培训从业者带来了一个既熟悉又陌生的"命题作文"——如何证明培训的合理性和价值？按照传统的培训思维，证明培训的合理性和价值是培训结束之后才开展的工作。其实不然。证明培训的合理性和价值的工作不仅要在培训结束之后通过数据采集与分析来执行，还需要将其前置到培训需求分析阶段。在培训需求分析阶段就嵌入培训效果评估的理念思维和方法技术，在培训需求分析过程中就"以终为始"地建立培训价值证据链。通过培训价值证据链进行培训合理性和价值的推演论证，从而准确分析和判断培训需求满足的优先级和培训资源的投放策略。

### 1.2.3 获得利益相关方的认同和支持

企业培训常见的困难与障碍是难以得到利益相关方的认同和支持。例如，利益相关方对培训内容的相关性持怀疑态度，学员抱怨没时间参加培训，业务方与管理层不为下属提供训后辅导和学以致用的机会，等等。之所以出现类似的问题，主要原因不仅是项目设计、内容开发、培训运营服务等环节做得不到位，更是忽视了培训需求分析阶段的利益相关方参与度和需求共识。换言之，培训需求分析过程既是了解利益相关方培训需求的过程，也是达成需求共识和培训责任共识的过程。

# 1.3
# TNAP方法论基础

自从"需求分析"这一概念诞生以来，许多专业人士在这一领域做出了重要贡献，也提出了不同的需求分析模型。本节将介绍3种需求分析模型，其中乔·哈利斯（Joe Harless）的前端分析模型和罗伯特·马杰（Robert Mager）的绩效问题分析模型适用于一般需求分析，Goldstein模型则适用于多维度、多层面、系统性培训或学习需求分析。

### 1.3.1 前端分析模型

乔·哈利斯（1970）认为，当面临问题时，组织中会有压倒性的需求来寻求答案和解决方案，甚至在弄清问题是什么之前就去做这件事。乔·哈利斯认为培训并不能解决所有的绩效问题，通过前端分析模型（见图1-2），能够找到出现绩效问题的真正原因。

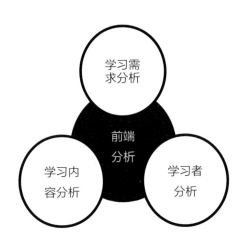

图1-2　前端分析模型

前端分析模型的独特之处在于，该模型通过项目统筹，区分了绩效分析的动因：是解决组织中已经存在的问题还是谋求新的发展。如果是前者，则绩效分析的目的和侧重点是对问题进行诊断；如果是后者，则要对新的发展做出规划。如果是前者，就要识别实际绩效、理想绩效及两者之间的差距，再进一步查明引发绩效差距的根本原因；如果是后者，则需要明确新的绩效标准和要求，然后选择合适的员工，分析为达到新的要求，员工所需要具备的知识、技能、环境支持及动机和激励等因素。为此，乔·哈利斯认为培训需求分析需要聚焦在3个方面：学习需求分析、学习内容分析、学习者分析。

（1）学习需求分析：企业通过关键绩效指标（Key Performance Indicator，KPI）分析，找到绩效差距，再进行培训解决方案分析。

（2）学习内容分析：针对达成绩效目标所需要的知识、技能、态度及学习任务进行分析，即分析将当前能力现状转化为期待的能力需要哪些知识、技能和态度，以及完成哪些学习任务才能顺利达成目标。学习内容分析的核心目的是实现教学目标。

（3）学习者分析：针对学习者现有的知识、技能、态度及学习风格进行分析，目的是让学习内容和学习方式与学习者实际需求相匹配。

## 1.3.2 绩效问题分析模型

罗伯特·马杰是绩效改进领域的专家，他设计了绩效问题分析模型（见图1-3）。该模型自20世纪80年代早期推出以来，得到了广泛应用。

图1-3 绩效问题分析模型

该模型通过询问一系列寻根究底的问题揭示绩效问题和解决方案，包含5个分析环节：描述问题、迅速定位、检查前后的逻辑关系、找出解决方案、提高胜任能力。

（1）描述问题：界定问题是什么，通常指绩效问题或差距，如销售额下滑、客户满意度下降、团队士气下降等。

（2）迅速定位：寻找可能的影响因素，如竞争加剧、销售人员流失率高、客户忠诚度低等。

（3）检查前后的逻辑关系：寻找主次原因，确定哪些是主要原因，哪些是次要原因。

（4）找出解决方案：寻找对应的解决方案，如制定激励制度、加强能力培养、再造优化流程等。

（5）提高胜任能力：针对能力不足的相关绩效问题，采用培训的手段进行能力提高，达到缓解甚至消除绩效问题的目的。

### 1.3.3　Goldstein 模型

　　培训需求分析这一概念最早在1961年由麦吉（McGehee）和塞耶（Thayer）等人提出，他们认为培训需求分析是一种通过系统分析确定培训目标、培训内容及其相互关系的方法。到了20世纪80年代，I.L.戈德斯坦（I.L. Goldstein）、E.P.布雷弗曼（E.P. Braverman）和H.戈德斯坦（H. Goldstein）三人经过长期的研究，将培训需求分析系统化，构建了Goldstein模型，如图1-4所示，将培训需求分析分为组织分析、任务分析和人员分析。

图1-4　Goldstein模型

　　Goldstein模型是培训需求分析的重要基础理论，该模型的最大特点是将培训需求评价系统化，并且进行了层次上的分类。Goldstein模型指出，培训需求分析必须以组织经营战略为指导，从组织分析、任务分析和人员分析3个层面着手，每个阶段的分析重心、分析目的和分析方法都不同，如表1-1所示。这将使培训需求分析更加全面，分析结果也更加科学。

表 1-1　Goldstein 模型分析的 3 个层面

| 分析层面 | 内容说明 |
| --- | --- |
| 组织分析 | 主要通过组织目标分析、组织资源分析和组织环境分析，准确找出组织存在的问题与问题产生的根源，以确定培训是否为解决这类问题最有用、最能用、最实用的方法 |

| 分析层面 | 内容说明 |
| --- | --- |
| 任务分析 | 旨在通过员工实际工作能力、工作绩效水平现状与期望的工作要求之间的比较，查找缺失和差距，分析并判断哪些方面可以通过培训改善 |
| 人员分析 | 主要分析现有绩效水平与完成任务的要求之间的差距，包含但不限于以下3个维度的分析：员工能力差距分析、学习风格偏好分析、工作环境分析 |

随着研究的不断深入，国外学者针对培训需求分析从不同的角度进行了论述，提出了很多模型，如培训需求差距分析模型、胜任特性分析模型、前瞻性培训需求分析模型、以企业文化为基础的培训需求分析模型，以及基于胜任力的培训需求分析模型等。国内学者根据我国企业的实际情况，也提出了许多适合我国企业发展的模型，如以战略为导向的培训需求分析模型，以及以员工职业生涯为导向的培训需求分析模型等，但Goldstein模型仍然是最广泛流行的培训需求分析模型之一。

### 1. 组织分析

培训需求的组织分析主要是通过对组织的目标、资源、特质、环境等因素的分析，准确找出组织存在的问题与问题产生的根源，以确定培训是否为解决这类问题最有用、最能用、最实用的方法。

组织分析是在给定公司经营战略的条件下，将组织的短期目标、中期目标和长期目标作为一个整体来考察，同时考察那些可能对组织目标有影响的因素，进而决定相应的培训，判断组织中哪些业务方向及哪些关键群体需要培训，以保证培训计划符合组织的整体目标与战略要求，为培训提供可利用的资源及利益相关方对培训活动的支持。组织分析中最关键的分析由3部分构成：组织目标分析、组织资源分析和组织环境分析。

1）组织目标分析

首先通过对组织发展战略的分析与解读，清晰地了解组织在财务、客户、内部营运、学习与成长等不同维度的目标。基于组织目标锁定需要着重培训的业务方向和关键群体，分析判断培训背后的业务需求及战略关联。组织目标的清晰与否将直接影响培训需求分析与计划的设计、执行，以及后期对培训效果的评估。当组织目标相对模糊且不断变化时，就需要进行进一步的分解，以确定在子目标中哪些需要采用培训方式实现，哪些需要通过其他方式实现，最后对需要采用培训方式实现的组织目标进行重要性分类或排序，制订培训计划，以确保重点培训的顺利实施。

2）组织资源分析

组织资源分析主要是对组织中人力、物力、财力资源的分析。通过对这3方面的分析，可以了解组织中人员和物资等方面的资源及更新情况，从而帮助组织制订符合组织需求与资源能力的培训计划。

3）组织环境分析

组织环境分析包括内部环境分析和外部环境分析。内部环境分析侧重组织架构、流程、员工意见、培训体系及制度保障机制等的分析。外部环境分析则重点关注政治法律环境、经济技术环境及社会文化环境等的分析。例如，随着中央人才工作会议的召开，企业培训要紧跟"党管人才、人才强国、人才强企"的战略号召指引；随着数字化、低碳化的经济号角的吹响，企业培训需要紧紧围绕"两化融合"的步伐前行。

## 2. 任务分析

组织分析旨在从全局把握整个组织战略目标的培训需求，属于宏观层面的需求分析。针对每项具体工作的具体培训需求，必须通过工作层面的分析才能加以识别。

任务分析的目的在于了解与绩效问题有关的任务的详细内容、标准，以及完成任务所应具备的知识、技能和态度，通过担任此任务的员工实际工作能力、工作绩效水平现状与期望的工作要求之间的比较，查找缺失和差距，分析和判断哪些方面可以通过培训改善。

任务分析能够确定工作岗位的各项工作职责、工作任务、绩效操作标准，精细定义各项任务的重要性、操作频率和掌握的困难程度，并揭示成功完成该项任务所需要的知识、技能和态度等培训内容。

### 3. 人员分析

人员分析是从员工实际状况出发，分析现有绩效水平与完成任务的要求之间的差距，找出差距带给员工的工作障碍和痛点。人员分析包含但不限于3个维度的分析：员工能力差距分析、学习风格偏好分析、工作环境分析。

通常情况下，在培训需求分析过程中，很容易在人员分析层面投入过多的精力和资源，甚至把培训需求分析等同于人员分析。培训从业者一旦进入这个误区，就会导致组织层面和工作层面所需要的培训被弱化，形成一个背离培训需求分析初衷的恶性循环，即培训需求分析没有促进培训与业务的融合，反而加速了培训与业务的偏离。因此，建议在培训需求分析全流程中，着重加强组织分析和任务分析，确保培训需求分析结果的战略咬合和业务衔接。

通过融合绩效改进技术、前端分析模型、绩效问题分析模型、Goldstein模型、柯氏四级评估法等，安迪曼研究构建了以终为始的TNAP模型，该模型将贯穿本书各章节。

### 💡实操建议

（1）建议从5个维度对培训需求进行分析，确保培训需求分析结果的全面性和准确性。尤其需要针对"Why：为什么要培训"这个维度进行深入分析，关注和识别"需要的培训"和"想要的培训"。

（2）针对培训需求分析的价值与作用，需要在思维认知上做彻底的转变与升级，在需求分析的全流程始终需要关注如何鉴别培训需求与非培训需求、如何证明培训的合理性和价值，以及如何获得利益相关方的认同和支持。

（3）要想保证培训需求分析结果准确、全面、可信赖、可落实，关键是抓好宏观的组织分析、中观的任务分析和微观的人员分析，从而确保培训与各层级管理者在同一频道，用相通的思维进行思考，用共同的语言进行默契的对话。

## ◎ 扩展知识

### 需求评估vs需求分析

人们对需求评估和需求分析这两个概念的理解一直以来都存在混淆的情况。

混淆往往来自专业术语的相似性和模糊界定，如需求分析、前端分析、培训需求评估、培训需求分析、需求调研等。但是"评估"和"分析"所起的作用大不相同。沃特金斯和考夫曼（Watkins & Kaufman，1996）认为，需求评估的目的是确定需求并将它们进行优先级排序，需求分析则是将一个已经确定好的需求分解为更细小的组成部分，然后针对每一部分找出根本原因并确定适宜的解决方案。需求评估是一个总括的概念，通常包括一种形式以上的需求分析，如绩效分析、工作任务分析、学习者分析等（Barbazette，2006）。

那么，应该从什么地方开始进行需求评估，并确保其产生有价值的结果呢？在改进当前所使用的或提议的项目、活动时，首先要考虑以下与需求评估相关的基本问题。

- 我们现在取得了哪些结果？与期望的结果相比，这些结果如何？

- 我们为自己所在的组织及外部客户（包括社会）做出了哪些贡献？

- 我们如何对现有的需求进行优先级排序并证明其合理性？

- 我们如何向组织展示我们所选择的干预措施将带来更高的投资回报率？

- 需求评估如何帮助我们开展对学习活动的评估并进行持续改进？

- 组织内部和外部的各种资源是否充足？在实施任何干预措施（包括培训、人力资源开发、结构重组或全面质量管理等）之前，需求评估所做的就是提供基本的数据，确保所选择的解决方案能够为组织内部和外部的客户带来预期的、有用的结果。需求评估的成果是确定当前的结果和理想的结果之间的差距；而需求分析的成果是确定是否需要培训，或者确定组织内部和外部的各种资源是否充足（Watkins, Leigh, Platt & Kaufman, 1998）。

# 02

第2章

# 培训需求分析与绩效改进

# 2.1
# 绩效改进的定义

关于"绩效改进"一词，许多专家、学者及实践人员都给出了各自的观点与定义，这里介绍几个具有代表性的定义。

（1）绩效改进是一种实现人类期望的成就的工程学方法，它在分析绩效差距的基础上，设计最有效的、具有最佳成本效益的问题解决方案和策略。

（2）绩效改进是发现和分析重大绩效差距，规划绩效改进计划，设计和开发缩小（或消除）差距、符合成本效益并遵循伦理道德的解决方案与实施方案，对方案的经济效果及非经济效果进行评价的系统化过程。

（3）绩效改进是运用分析、设计、开发、实施和评价的系统方法来提高个人和组织机构的工作业绩的过程。

（4）绩效改进是一种整体性、系统化的问题解决工具、手段、程序和方法，它以组织的总体目标为导向，在分析绩效差距的基础上，制订具有最佳成本效益的综合问题解决方案，以此指导和推动组织的变革与发展，并对变革的结果进行评价，以便最大限度地改善个体、团队和组织的绩效。

综合上述对绩效改进的定义与观点，同时结合数十年来在绩效改进领域的理论研究和实践总结提炼，我们认为：绩效改进是一个发现和分析绩效差距的系统，从而计划未来绩效改善与提高的目标，设计、开发和实施高性价比的措施或方案来缩小或消除绩效差距，并评估财务收益及非财务收益的过程。

# 2.2
# 培训需求分析的导火索

在本书引言部分，谈到培训与组织战略的关系时，我们指出企业培训的终极目的主要聚焦在3个方面：第一，支持和助推企业战略落地，如业务结果目标的达成、产品战略的落实、投融资战略的实现、人力资本的积累等；第二，加强企业文化传承，包含企业内部员工对企业文化的学习与认同，以及企业文化对外部业务价值链伙伴的输出与影响；第三，推动组织变革，从企业战略层面的数字化转型、敏捷组织力打造到企业操作执行层面的工作方式变化、工作流程改善和工作习惯养成等，企业培训均被寄予厚望。

谈及培训需求分析在企业培训中的定位时，我们发现培训需求分析的终极目的是在满足组织战略要求、业务结果目标、员工能力提高与发展诉求的前提下，帮助企业分析、诊断并提供"对的"培训，即"需要的培训"，而不是"想要的培训"。为了达到此目的，培训需求分析的方法和过程势必要做到"上接战略要求、中接业务结果、下接能力发展"。

从绩效改进的定义来看，绩效改进方法论的逻辑适用于培训需求分析这个应用场景，而且能够满足培训需求分析的应用要求和目的。从培训需求分析的定义来看，培训需求分析与绩效改进之间的关系是密不可分的，以绩效改进技术作为方法论支撑，能够确保培训需求分析更加精准且贴合业务。

关于培训需求分析的导火索是什么，一直以来都是企业培训从业者关注且疑惑的问题。所谓培训需求分析的导火索，是指当什么情况出现时，需要开展培训需求分析。总体来说，当组织出现以下3种情况（见图2-1）时，表明培训需求分析的恰当时机到了，甚至当这3种情况出现时，组织不得不做培训需求分析。

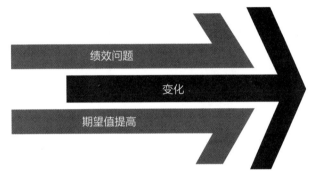

图2-1　培训需求分析的导火索

（1）绩效问题：组织中存在一些绩效问题。例如，工伤、数据丢失或机器损坏；销售额或产量下降；供应商抱怨增加，或者失去供应商；运营效率降低；业绩目标或目标设定不合理；员工流失和缺勤，等等。

（2）变化：组织中发生了一些变化。例如，员工工作岗位变动；增加新业务、进入新领域；企业招聘新员工；技术革新、引进新系统或流程；组织、规章制度变革，等等。

（3）期望值提高：组织的期望值有所提高。随着内外部环境的变化，组织的期望值会随之进行相应的调整变化。期望值提高时，目标要求也会提高。例如，生产安全标准提高时，企业市场扩张时，要求提高客户满意度时，要求降低次品率时，要求进一步管控成本时，组织的期望值也会随之提高。

# 2.3
# 培训需求分析与绩效传导过程

培训在组织中地位不高，受重视程度不够，始终是一个存在意见分歧的话题。有些组织对培训工作资源投入不充分，对培训参与支持度不足；有些组织将培训作为组织战略落地的一个有力抓手，搭建完善的人才培养体系，配置专业的培训管理团队，设计开发丰富的内容资源，等等。为什么不同的组织对培训这件事情的态度有如此巨大的差异呢？关键原因在于组织的培训管理者是否真正了解和贯彻落实了组织绩效传导过程（见图2-2）。

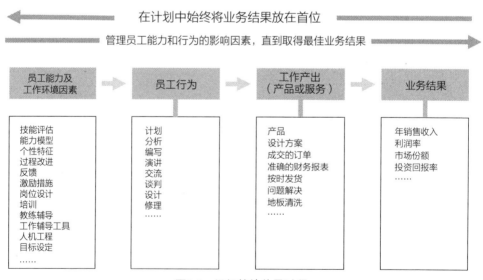

图2-2　组织绩效传导过程

通常情况下，由于经营管理角色的站位不同及能力视野不同，组织高层管理者和业务方管理层往往从业务结果角度去思考与分析问题，首先思考组织战略目标是什么，需要达成哪些业务结果指标才能支撑战略目标的实现，如年销售收入、利润率、客户满意度、投资回报率等。基于业务结果指标，再进一步思考需要为什么样的客户群体提供哪些产品和服务才能确保业务结果指标的达成。基于所需要的工作产出成果，进一步推导需要各层级、各类别的相关人员具备什么样的关键工作行为。基于所需要具备的关键工作行为，进一步分析、诊断员工需要具备的胜任能力和工作环境因素。越高层级的管理者越关注和重视业务结果与工作产出层面的问题，并且能够清晰地针对这两个层面的问题进行分析，提出需求，但鲜有精力与专业方法针对员工行为和员工能力进行分析、诊断。

相较于组织高层管理者和业务方管理层，组织人力资源部或培训部人员在思维方式和工作关注点上，其视角和出发点是相反的。我们针对中国培训行业的研究结果表明，培训从业者针对组织中出现的绩效问题、产生的变化、组织期望值的提高，分析与解决问题的出发点是重点关注员工能力差距有多大，应该如何提高员工能力，应该如何改变员工行为，鲜有意愿和能力研究员工能力的提高能够给业务结果带来多大的帮助，也缺乏意愿和方法技术把培训与核心管理层高度关注的业务结果关联起来。由此可见，组织中的培训管理者与管理层和关键利益相关方在思维上存在偏差，即组织高层管理者和业务方管理层关心的业务结果不是培训管理者关注的重点，后者没有把达成业务结果目标作为培训战略和培训工作开展的决策依据及衡量标准。相反，培训管理者投入大量精力和资源重点关注员工能力差距分析及员工能力提高培训。但这些不是组织高层管理者和业务方管理层重点考虑的，在他们的思考逻辑中，员工能力提高不是组织培训的终极目的，仅是达成业务结果目标的一种方式和手段，员工能力提高仅算作一个过程性成果，远远不是组织在培训上投入资源的初衷和终极目标。

正因为存在上述认知偏差和期望设定上的错位，导致了不同利益相关方彼此之间的误解。一方面，组织高层管理者和培训对象对培训结果不满意，认为培训没有帮助组织和员工达成业务结果目标；另一方面，人力资源部、培训部认为管理层不重视培训，没有给予培训充分的支持。要解决这些问题，关键是梳理清楚导致这些问题的根源。第一，在思维认知和思考方式上，培训管理者需要具备终局思维，根据组织战略要求和业务结果目标这个"终局"进行培训战略制定与执行策略落实的思考及布局，与组织高层管理者在同一频道思考，用同一种语言进行对话。第二，把绩效改进技术嵌入培训需求分析的全流程，在前端的需求分析阶段确保培训与业务结果目标的达成紧密联系起来，真正做到培训工作的开展"以终为始"。

## 2.4
# 融合绩效改进技术的需求分析

绩效改进技术并不是一个全新的概念，很多关于绩效技术的理念产生于20世纪60年代末和70年代初。在绩效改进领域，全球著名的专家有托马斯·吉尔伯特（Thomas Gilbert）、乔·哈里斯、罗伯特·马杰和吉里·鲁姆勒（Geary Rummler）等人，他们的理论研究和著作深刻地影响和助推了绩效改进领域的发展。20世纪80—90年代，绩效改进技术由最初的行为主义导向逐步转变为与认知主义、脑神经科学、经济学等进行跨学科、多领域的融合发展。与此同时，绩效改进技术被广泛地借鉴和应用于学习技术和教学设计领域，培训需求分析就是学习技术领域的组成部分之一。

不同的国家和组织对绩效技术的命名与模型展示各不相同。例如，美国国际绩效改进协会将绩效技术称为Human Performance Technology（HPT），如图2-3所示；美国培训与发展协会（2014年更名为"人才发展协会"），将绩效技术称为Human Performance Improvement（HPI），如图2-4所示。

尽管命名上各不相同，但从模型展示来看，它们的底层方法论逻辑是一致的。

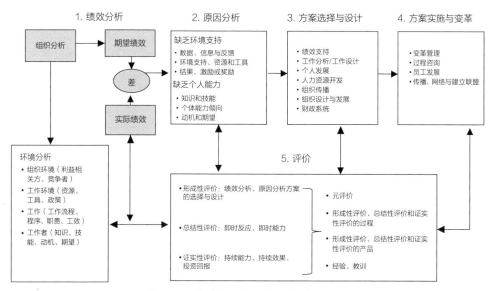

图2-3 美国国际绩效改进协会的绩效技术模型（HPT）

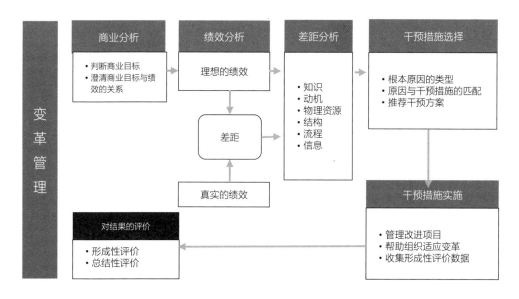

图2-4 美国人才发展协会的绩效改进模型（HPI）

无论是从HPT和HPI两类绩效改进模型的逻辑来看，还是从安迪曼咨询提出的敏捷绩效改进模型（见图2-5）的理念来看，绩效改进技术对培训需求分析都有两个重要的技术参考和方法借鉴。第一，组织中各类型问题的分析和解决需要从不同的层面考量，包含但不限于组织层面、工作层面、人员层面的分析思考。换言之，不同层面的利益相关方看待和解决同一问题时具有不同层级的需求。第二，解决任何绩效问题、应对不同的变化或期望值提高的关键在于分析、诊断现状与期望标准之间的差距，并且找到产生绩效差距的根源，从而制订恰当的解决方案。进行培训需求分析之前需要先进行绩效差距分析，再进一步分析、诊断导致绩效差距的根本原因。通过对问题根源的分析，识别哪些是培训能解决的问题，哪些是培训无法解决的问题。

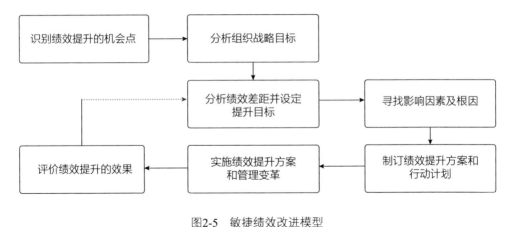

图2-5　敏捷绩效改进模型

## 2.5
# 组织需求的层级

组织中的各类需求来源于不同层面、不同类别的利益相关方。总体来说，可以将组织中的需求分为3个层级：宏观的组织业务需求、中观的业务绩效需求和微观的员工能力及工作环境需求。在培训需求分析过程中，为了避免遗漏关键利益相关方的需求，也为了确保培训从业者在组织绩效传导过程中与管理层在同一频道思考和对话，建议采用绩效改进的理念，从3个层级进行培训需求分析和诊断，如图2-6所示。

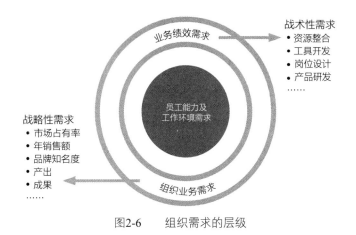

图2-6　组织需求的层级

　　宏观的组织业务需求是组织为了获得成功所必须达成的战略性业务目标和策略，如市场占有率、年销售额、品牌知名度等。中观的业务绩效需求是为了达成组织业务目标和经营战略，个人或团队必须做出的行为和成绩，如资源整合、工具开发、岗位设计、产品研发等。微观的员工能力及工作环境需求是员工完成工作所需要的知识、技能、态度、智商、情商及工作环境要素，如工作流程、信息系统、后勤保障等。这3个层级的需求如表2-1所示。

表 2-1　3 个层级的需求

| 需求层级 | 定义 | 示例 |
| --- | --- | --- |
| 组织业务需求 | 组织为了获得成功所必须达成的战略性业务目标和策略 | <ul><li>愿景</li><li>使命</li><li>核心价值观</li><li>增加市场份额、客户数量或收入</li><li>提升客户满意度</li><li>提高运营效率</li><li>保留人才</li><li>降低运营成本</li><li>增加利润</li><li>改善基础设施</li></ul> |

| 需求层级 | 定义 | 示例 |
|---|---|---|
| 业务绩效需求 | 为了达成组织业务目标和经营战略，个人或团队必须做出的行为和成绩 | • 产品<br>• 设计方案<br>• 按时发货<br>• 分析<br>• 交流<br>• 谈判<br>• 销售 |
| 员工能力及工作环境需求 | 员工胜任工作所需要的知识、技能、态度、智商和情商等 | • 知识<br>• 技能<br>• 态度<br>• 智商<br>• 情商 |
| | 工作环境的阻碍因素或促进因素，这些因素可以是有形的，也可以是无形的 | • 工作流程<br>• 信息系统<br>• 办公室环境<br>• 后勤保障<br>• 激励措施<br>• 工作认可度<br>• 期望值<br>• 授权范围 |

# 2.6
# 识别培训问题与非培训问题

　　针对绩效差距分析，首先需要确定期望的绩效标准，然后采用访谈、问卷调研、工作坊、文档分析等方法，了解并分析实际的绩效现状，最后判断绩效现状与期望的绩效标准之间是否有差距及差距有多大。在绩效差距分析过程中，需要特别关注的绩效差距分为3种，如图2-7所示。

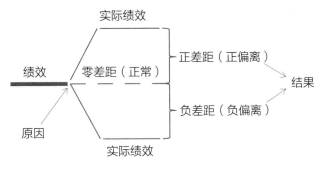

图2-7 绩效差距分析

（1）负差距（负偏离）：实际的绩效低于期望的绩效。如果加入时间维度来考量，负差距可能指目前的实际绩效低于既定的绩效标准，也可能指实际的绩效将低于未来的预期绩效标准。负差距是常规意义上的绩效不达标或绩效可能不达标。此类绩效差距出现时，提示培训从业者需要进一步分析导致差距的原因并采取恰当的干预措施。

（2）零差距（正常）：实际的绩效等于既定的绩效标准或未来的预期绩效标准。当零差距情形出现时，表明暂时不需要采取干预措施。

（3）正差距（正偏离）：实际的绩效高于期望的绩效或未来的预期绩效标准，即实际绩效超目标完成，甚至远超目标完成。当出现正差距时，提示培训从业者需要进一步分析导致差距的原因并采取恰当的干预措施。例如，目标是否定得太低？如果是，需要提高目标要求；是否采用了更好的方法，提高了效率和生产力？如果是，应该把优秀的经验加以萃取沉淀；外部政策环境及竞争环境是否发生了变化？如果是，应调整相关策略以适应环境变化，等等。

在需求分析过程中，找到了绩效差距并不等同于诊断清楚了具体的培训需求，还需要针对绩效差距进一步分析导致差距的根本原因，从而精准地判断哪些是培训可以解决的问题（培训问题）、哪些是培训无法解决的问题

（非培训问题），最终为已经存在的或未来预期会出现的绩效问题找到恰当的解决方案。

绩效问题的根因分析是想当然的吗？导致绩效问题的根因是显而易见的吗？答案是否定的。从绩效改进技术来看，导致绩效问题的根因通常包含工作环境因素和员工个人因素两大维度，每个维度分别包含3个方面的因素：信息/培训、工具/支持手段、激励/动机，可以从这两大维度对绩效问题的根源进行多层面的分析和诊断。具体内容如表2-2所示。

表 2-2　导致绩效问题的根因——绩效工程模型

| 因素 | 信息 / 培训 | 工具 / 支持手段 | 激励 / 动机 |
|---|---|---|---|
| 工作环境因素 | • 对工作流程的描述<br>• 清晰的绩效指导<br>• 高频的反馈<br>• 客户的需求 | • 环境支持<br>• 资源<br>• 工具 | • 财务激励措施<br>• 非财务激励措施<br>• 职业发展机会 |
| 员工个人因素 | • 知识<br>• 技能 | • 任务安排<br>• 身体状况<br>• 适应能力<br>• 员工筛选 | • 工作的动机<br>• 倾向（态度） |

针对每个维度每个方面的因素导致的绩效问题，需要采用对应的解决方案和干预措施，如表2-3所示。在绩效问题根因分析中，只有当绩效问题产生的根因是完成工作所需要的知识不够、技能不足、态度不对，即只有当能力不足时，培训才是最合适的干预手段。对于非能力问题，则采用非培训的解决方法最有效。

表 2-3　广泛使用的 43 个绩效改进措施

| 绩效领域 | 改进措施 |
|---|---|
| 增加知识和提高技能 | • 加速学习<br>• 行动学习<br>• 辅导 |

续表

| 绩效领域 | 改进措施 |
|---|---|
| 增加知识和提高技能 | • 电子化绩效支持系统<br>• 工作辅助工具<br>• 培训游戏<br>• 自学 |
| 提高工作积极性 | • 表彰和奖励<br>• 薪酬福利制度<br>• "嬉闹式"工作<br>• 激励制度<br>• 团队建设 |
| 改进人力资源管理 | • 绩效考核<br>• 人力配备<br>• 招聘和面试<br>• 员工辅助项目 |
| 改进资源、工具和环境 | • 人机工程<br>• 自动化和计算机化<br>• 实物资源管理 |
| 改进架构和流程 | • 文化重塑<br>• 过程式领导力<br>• 流程再造 |
| 改进信息和交流 | • 知识管理<br>• 信息网络<br>• 会议与对话<br>• 短信和通告<br>• 平衡计分卡<br>• 公共关系<br>• 情况汇报<br>• 双赢谈判<br>• 咨询辅导 |
| 改进财务系统 | • 财务预测<br>• 现金流分析<br>• 资本投资<br>• 合并、收购和合资 |

续表

| 绩效领域 | 改进措施 |
|---|---|
| 改善健康 | • 精力管理<br>• 工作与生活的平衡<br>• 暴力预防<br>• 压力管理<br>• 办公室健身<br>• 全面健康促进活动 |

案例2-1：为什么杰弗逊纪念馆大厦墙壁被腐蚀了

美国华盛顿广场的杰弗逊纪念馆大厦建立于1943年，之后因年久失修，表面斑驳陈旧，政府非常担心，于是派专家调查原因。

提问1：为什么大厦表面斑驳陈旧？

专家起初认为原因是酸雨腐蚀，进一步实验发现酸雨的作用没有这么明显（不是根因）。专家发现，冲洗墙壁所用的清洁剂对墙壁有腐蚀作用，该大厦的墙壁每年被冲洗的次数远多于其他建筑，腐蚀自然更加严重。

提问2：为什么经常清洗？

因为大厦的墙壁被大量的燕粪弄得很脏。

提问3：为什么有那么多的燕粪？

因为燕子喜欢聚集在这里。

提问4：为什么燕子喜欢聚集在这里？

因为建筑物上有燕子喜欢吃的蜘蛛。

提问5：为什么有蜘蛛？

蜘蛛爱在这里安巢，因为墙上有大量它们爱吃的飞虫。

## 提问6：为什么墙上有飞虫并且繁殖得这么快？

因为傍晚时有强光从窗外射进来，形成了刺激飞虫繁殖的温床。

解决问题的方法是：拉上窗帘。

除了拉上窗帘，还有没有其他解决方法呢？使用没有腐蚀性的清洁剂、捕杀燕子、杀死蜘蛛、杀死墙上的飞虫，都可以视为有效的改进措施，但是"强光""拉上窗帘"才是最根本的原因和最有效的改进措施。正因为通过根因分析找到了导致杰弗逊纪念馆大厦墙壁受腐蚀的根本原因，人们才采取了最简单且最有效的方法，让杰弗逊纪念馆大厦至今完好无损。

### 案例2-2：绩效问题根因分析和改进措施选择

影响因素即错误或故障，纠正了错误或故障，便可阻止事故发生或显著降低事故造成的后果的严重性。这些影响因素每时每刻都在发生作用，在不同的时期各影响因素所起作用的权重可能是交替变化的，但在同一时期内，可能有一个或几个因素起主导作用，它们通过对某件事情的影响推动着这件事情向着某个方向发展，以至于产生这样或那样的结果，如实现或没有实现既定的业绩目标。也就是说，在看似错综复杂、杂乱无章的众多影响因素中，总有一些规律可循，如果找到了这些规律，就找到了结果产生的原因，或者预测事情的走向。

绩效问题根因分析的目的在于通过相关影响因素的分析，找到恰当的解决方法。例如，针对员工总加班、工作效率低这个绩效问题，影响因素众多，对于没有合适的交通工具、缺乏新技术应用及人岗不匹配等影响因素，属于非能力问题，采用培训的方式不能有效地解决；对于时间管理能力差等影响因素，培训则是很有效的解决措施。在培训需求分析过程中，通过根因分析，能够清晰地识别、判断哪些是能力问题，即哪些是培训能够有效解决的问题，从而减少甚至避免培训资源的浪费，确保做"对的"培训。根因分析过程如图2-8所示。

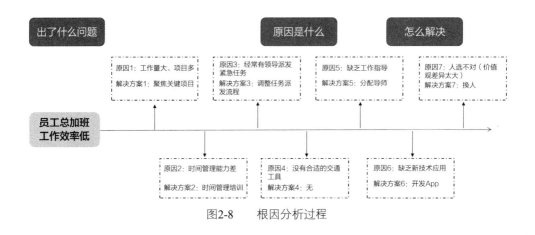

图2-8 根因分析过程

## ⏻ 实操建议

（1）在培训实践中，需要树立一种正确的思维认知，即培训需求分析不需要随时随地做，但需要融入随时随地的工作过程中。尤其重要的是，当三大导火索信号出现时，就说明组织需要且有必要做培训需求分析了：第一，组织中存在一些问题；第二，组织中发生了一些变化；第三，组织中期望值提高了。

（2）组织对培训工作重视与否，与众多因素有关，其中一个关键因素是培训人员是否深刻地理解了组织的绩效传导过程，即培训人员需要在培训需求分析过程中站在经营管理层的高度和视角，分析、判断是否需要做培训，需要做什么培训，以什么方式做培训。

（3）培训人员在进行需求分析调研时，很容易误认为培训需求等同于员工能力提高要求，从而导致关键且重要的培训需求没有得到满足，而提供的培训不是关键且重要的。事实上，组织中的各类需求来源于不同层面、不同类别的利益相关方，可分为三类，即宏观的组织业务需求、中观的业务绩效需求、微观的员工能力及工作环境需求。相比较而言，组织业务和业务绩效需求更加重要，需要优先考虑。

（4）判断培训问题和非培训问题是培训需求分析过程中的一个关键环节，如果判断错误，极易造成培训方向偏离和培训资源浪费。培训作为解决问题的手段之一，最适用于应对和处理由于能力不足所导致的相关问题，或者随着组织期望值的提高而产生的能力不足的问题。

# 03

第3章

# 启动培训需求调研

培训需求调研启动环节包含但不限于3个重要步骤：组建项目小组、达成方法论共识、制订培训需求调研计划。此处的培训需求调研启动，不是狭义上的问卷调研启动，而是广义上的培训需求分析与诊断项目的启动。该环节对整个培训需求调研项目的成功与否发挥着极其关键的作用。然而，在实践过程中，该环节往往容易被忽视和遗漏，导致培训需求调研项目在启动之初就埋下了失败的隐患。

# 3.1
# 组建项目小组

## 3.1.1 项目小组核心关键工作事项

培训需求调研项目小组成员以项目目标要求及项目职责任务要求为依据进行选择和决策。根据第1章对培训需求分析的定义，项目小组需要完成的目标包含但不限于关键利益相关方对培训期望的设定和期待、对现状的了解与分析诊断、对现状与期望之间差距的分析、对培训需求的提炼与筛选判断。为达成上述目标，项目小组至少需要完成下列几大关键事项。

（1）基于培训需求调研项目目标，完成研究设计。如果缺乏或不重视培训需求调研项目的研究设计，则意味着缺乏开展工作的顶层思考，容易出现培训需求调研工作"随性而为"或凭经验开展工作的情况。培训需求调研的研究设计侧重项目工作开展的方法论共识、数据收集方法和工具的选择、数据收集和分析方法及流程规则的确定等。

（2）培训需求数据收集方法的设计与开发，如调研问卷开发、访谈大纲撰写、工作坊流程设计、岗位观察表设计等。

（3）定性和定量数据分析。

（4）培训需求分析报告撰写。

（5）培训需求结果汇报呈现。

（6）培训计划制订与发布（如需要）。

## 3.1.2　项目小组角色分工

项目小组的角色分工通常包含项目组组长、副组长、项目管控协调者、调研方法开发专家、数据收集专家、需求分析报告撰写人员、需求分析结果汇报呈现人员、培训计划制订人员及其他经验丰富的人员，如图3-1所示。在培训需求调研项目开展过程中涉及的这些角色不等同于工作岗位设置，即某些角色需要设置专职专岗，有些角色可以由项目小组成员兼任。至于某个或某些角色是设置专职专岗还是由项目小组成员兼任，取决于两个因素。第一，工作量大小。例如，数据收集环节的工作量大，则需要配置更多的人员，否则兼任即可。第二，专业能力具备度。例如，某个或某些项目小组成员具备多方面的经验和能力，则可以兼任多个角色。在选择和配置项目小组成员时，需要根据各个工作角色应该承担的任务分工进行合理匹配。

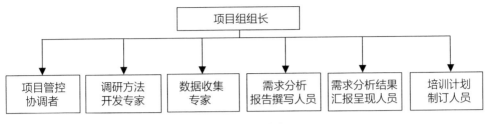

图3-1　项目小组角色分工

在培训需求调研项目小组中，项目组组长与副组长的选择和任用至关重要。

### 1. 组长

（1）人选建议：选择组织中位高权重之人，如公司总裁或分管人力资源部的副总裁。如果因为现实因素的限制，无法邀请理想的高级别决策者担任组长，建议遵循"级别越高、影响力越大越好"的原则进行组长人选的邀约。

（2）角色分工：为培训需求调研项目授权或配置关键资源，在关键节点号召并强力推动项目的开展。组长在培训需求调研项目中不需要承担具体的工作，主要发挥"扛大旗"的领导者作用，在项目启动之初及推动过程中，降低项目小组进行资源调动和整合的难度，加强和引导关键利益相关方对培训需求调研项目的关注与重视。

### 2.副组长（项目负责人）

（1）人选建议：副组长是培训需求调研项目的实际负责人，对整个项目的推动及最终结果承担第一责任。副组长既需要对培训需求分析与计划制订的全方位专业方法和技术拥有全面深入的了解，也需要具备较强的项目推动能力及在组织中进行资源整合与跨团队协作的能力。

（2）角色分工：副组长需要承担的关键任务有遴选项目小组成员、对项目小组成员进行角色分工、对任务推进进行监督管理、制订项目计划并推动落实、整合与调用资源、对项目节点及成果进行审核把关等。

### 案例3-1：天潭国际培训需求调研项目小组的建立

培训需求与年度计划好比培训中心业务开展的GPS。新的一年，培训中心到底该如何发挥作用？身为培训中心负责人，新上任的赵总一直在思考这个问题。赵总决定改变工作面貌，改革过往做法，组建专门的项目小组，把科学制订新一年培训规划和计划作为提高团队绩效、支持业务发展的契机。为了在公司内部传达公司对培训和人才发展的重视，赵总决定先组建一个"给力"的培训需求调研项目小组，选择一位在公司有话语权的高管挂帅，担任培训需求调研项目小组的组长。组长不需要承担调研阶段的具体工作，但要有足够的影响力，在关键环节推动各级管理者做出承诺，这对项目的顺利开展有非常重要的影响。为此，赵总说服公司总裁王总担任项目小组组长，并挑选了培训中心的几位骨干担任小组成员，年度培训需求调研工作正式开启。天潭国际培训需求调研项目小组的成员结构如表3-1所示。

表 3-1　天潭国际培训需求调研项目小组的成员结构

培训需求调研范围：

□全公司：

□部门：

续表

| 角色 | 姓名 | 职责 |
|---|---|---|
| 项目组长 | 王总 | • 审核与支持费用<br>• 宣导管理层重要会议<br>• 收集公司领导意见 |
| 项目副组长 | 赵总 | • 审核项目方案<br>• 协调与推动跨部门资源<br>• 实施指导 |
| 项目经理 | 王经理 | • 管理项目计划<br>• 控制项目过程<br>• 协调项目行动<br>• 保证项目质量<br>• 汇报项目、管理沟通 |
| 项目组成员 | 培训部：章主管、张主管、陆专员、李专员、王专员 | • 宣传项目、营造氛围<br>• 编制调研问卷<br>• 分析并编制访谈提纲<br>• 收集公司培训需求<br>• 合并分析培训需求<br>• 编制公司培训需求总结报告 |
|  | 各部门培训联系人 | • 收集员工调查问卷<br>• 收集管理者培训需求<br>• 提交部门年度培训需求报告<br>• 提交部门年度培训计划<br>• 提交部门年度人才培养计划 |

# 3.2
## 达成方法论共识

### 3.2.1　培训需求调研方法论选择

前文对TNAP方法论做了一定的描述，尤其是针对贯穿本书的TNAP模型提出的理论背景和实践意义做了相应的阐释。培训需求调研项目小组成员在项目启动阶段，需要在项目负责人的带领下对项目开展的方法论达成共识。在实践应用中，培训需求调研项目小组可以采用TNAP方法论，也可以采用其他培训需求调研方法。无论采用哪种或哪些调研方法与模型的组合，项目小组成员都有必要在项目启动阶段确定、理解并共识项目推进过程中所采用的培训需求调研方法论，从而使调研工作顺利推进。

TNAP模型强调，为了确保培训需求分析诊断的精准性和全面性，培训需求调研项目需要对Goldstein模型、绩效改进技术、柯氏四级评估法等进行综合套用。以这3种方法理念作为培训需求调研设计的指导思想，将绩效改进与培训评估的理念融入调研问卷和访谈大纲的设计、问卷调研数据收集和需求访谈的引导、定性和定量的培训需求调研数据分析及培训需求调研报告的撰写中。对于如何融会贯通地使用上述方法，服务于精准的培训需求调研分析，后文将逐一展开描述和剖析。

## 3.2.2  项目小组工作开展建议

### 1. 项目小组工作协同共识

（1）工作目标与职责明确清晰：可采用工作任务分析的方法分解培训需求调研项目的工作职责、工作任务、操作标准或成果审核标准等。

（2）时间进度管控：要求每位项目小组成员按照约定的计划完成任务，避免出现进度不达标导致项目拖延的情况。

（3）项目范畴管控：培训需求调研项目旨在分析诊断不同层面、不同类别的关键利益相关方对培训的期望和诉求。因此，在培训需求调研项目的规划设计及推进过程中，始终需要围绕项目目标开展工作，避免试图通过一个项目达成多个不同的项目诉求，造成培训需求调研项目失去目标聚焦。

### 2. 沟通机制建设

（1）分析和确认关键利益相关方：根据项目目标、企业组织架构和业务价值链的构成方式、企业文化氛围和文化偏好等关键因素，分析和判断培训需求调研项目工作的开展及项目目标的达成涉及哪些关键利益相关方。与此同时，分析和判断需要与利益相关方采用什么方式建立怎样的沟通机制。例如，对于设置了人力资源业务合作伙伴（Human Resource Business Partner，HRBP）岗位/角色的企业或部门，如何让HRBP参与和协同工作的开展；对于没有设置HRBP的企业或部门，如何与相关负责人或部门联系人建立协同关系，完成培训需求调研工作。

（2）建立例会制度：当培训需求调研项目小组由2名及以上人员组成时，为了确保项目步调一致、信息同频、经验共享，建议建立例会制度。在项目初期，会议可频繁召开，如两天一次；在项目中期，例会至少一周一次；对于突发事件，应及时召开会议；标志性任务完成后，应及时召集相关人员向领导汇报。

# 3.3
# 制订培训需求调研计划

## 3.3.1　拟订培训需求调研计划

培训需求调研计划是培训需求调研项目推动落实的监控管理及成果衡量的框架，类似一个简化的项目工作计划。在培训需求调研计划中，应该包含但不限于以下关键要素的规划与信息澄清和确认。

- 培训需求调研所要达到的目的或实现的目标。

- 培训需求调研涉及的调研对象。

- 培训需求调研采用的调研方法及实施流程。

- 培训需求调研工作的人员及职责分配。

- 培训需求调研的具体时间。

- 培训需求调研结果的考核与评估方法。

- 培训需求调研工作实施过程中应注意的事项。

培训需求调研计划表如表3-2所示。

表 3-2　培训需求调研计划表

| 需求提出方 | | 调研负责人 | |
|---|---|---|---|
| 为什么要进行本次调研 | | | |
| 调研内容 | | | |
| 计划调研对象 | | | |
| 调研方法 | | | |
| 参与人员分工 | | | |
| 计划调研时间 | | | |
| 预计费用 | | | |
| 其他说明 | | | |

## 3.3.2　制订培训需求调研计划的关键要点

### 1. 确认调研对象与内容

调研对象与内容的确定依据源于调研项目目标。尽管不同的培训需求调研项目目标有所不同，但通常情况下，培训需求调研内容与对象需要围绕组织层面、工作层面和人员层面进行分析与筛选，如图3-2所示。在培训需求调研计划中，需要将相关层面的调研对象与内容进行框架性思考和确定。

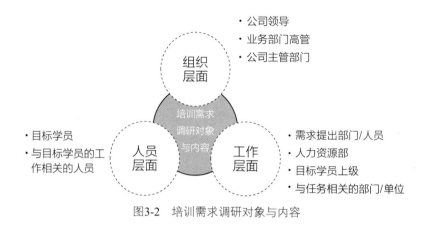

图3-2　培训需求调研对象与内容

1）组织层面

组织层面的调研对象包含但不限于公司核心决策层、业务部门高管、人力资源部门高管、行业或政府主管部门等利益相关方。组织层面的调研内容主要围绕组织战略目标诉求展开，目的是通过了解组织战略目标，分析并锁定对战略目标的实现起到关键作用的业务方向和人群，从而为培训需求的诊断及确定找到正确的方向和基调。

2）工作层面

工作层面的调研对象主要包含目标学员的上级、人力资源部或培训部门的管理者、业务价值链上的企业/组织内外部相关部门负责人（如供应商、渠道商、外部客户等）。工作层面的调研内容主要围绕与业务结果目标达成相关的任务、标准、机会、困难挑战等信息展开。

3）人员层面

人员层面的调研对象主要包含目标学员及与目标学员的工作相关的人员。人员层面的调研内容主要围绕目标学员能力现状、学习风格偏好、学习环境配置等相关信息展开。

### 2. 筛选并确定调研方法

总体来看，调研方法的选择遵循"少即多"原则，即能够用一种方法达成调研数据收集的目标，就不用多种方法；能用简单的方法或方法组合，就不用复杂的方法或方法组合，目的是用最低的成本达成调研的预期目标。在调研计划中，需要根据调研目标分析并选择恰当的调研方法或方法组合。调研方法的种类及其优缺点将在第4章详细介绍。

### 3. 调研资源的预测与规划

为了确保培训需求调研项目能够顺利推动，在培训需求调研计划制订过程中需要预测并配置充分的项目资源，如参与人员分工、调研时间计划、预计费用等。在培训需求调研项目中，项目人员数量及能力匹配度、项目开展的时间充裕度、项目预计费用三方面的资源计划周全性将在很大程度上影响调研项目的成败。

### 💡 实操建议

（1）在培训需求调研启动环节，首先需要根据项目目标组建与之匹配的项目小组。在组建项目小组的过程中，分析和确定项目小组成员的角色分工并找到合适的人员是重中之重。在实践中，如果忽略或遗漏该环节，有可能导致培训需求调研项目落实不到位。

（2）在培训需求调研启动环节，确定培训需求调研方法论，并在项目小组成员之间针对工作的开展方法论达成共识，这有助于调研过程中项目小组成员之间、项目小组成员与需求调研参与方之间在认知和操作程序上保持步调一致。因此，在实践中，建议项目小组负责人高度重视培训需求调研方法论的确定和共识。

（3）在实践中，培训需求调研计划的制订是一个关键环节，但往往容易被遗漏或得不到应有的重视。在培训需求调研计划制订过程中，建议项目小组深入细致地分析并诊断清楚调研对象是谁、调研内容是什么、需要哪些调研资源等。

# 04

第4章

# 开发调研方法

本书所讲的调研方法是培训需求分析数据采集方法的总称，包含但不限于问卷调研法、访谈法、观察法等。因此，本章着重介绍各种调研方法的优缺点，侧重问卷调研和访谈大纲的开发。

# 4.1
## 调研方法的种类及选择

培训需求调研可以采用问卷调研法、访谈法、观察法、文档分析法、关键事件分析法、焦点讨论法、绩效分析法、考试法、岗位要求/工作任务分析法等多种方法，不同的方法各有优劣。在实际应用中，可根据企业的客观情况，如培训对象、人员规模、地域分布、调研目标差异（如服务单个项目的培训需求调研或企业年度培训需求调研）等，进行调研方法的选择或组合。其中，问卷调研法、访谈法、观察法、文档分析法、关键事件法的应用较为普遍，以下逐一介绍。

问卷调研法　　访谈法　　观察法　　文档分析法　　关键事件法

### 4.1.1　问卷调研法

问卷调研法也称问卷法，它是调研者运用统一设计的问卷，以书面提出问题的方式向调研对象了解情况或征询意见的调研方法。研究者将所要研究的问题编制成一张表格，以纸制问卷或电子问卷的方式发放给调研对象填写，从而了解调研对象对某一现象或某一问题的看法和观点，所以问卷法又称问题表格法。使用问卷调研法的关键在于编制开发调研问卷、正确选择调研对象、正确分析调研数据。

### 1. 优点

（1）时间短：可在短时间内收集反馈信息。

（2）成本低：减少因实地调研、现场调研而产生的人员费用、差旅费用、时间费用等投入。

（3）准确度有保障：多数情况下，培训需求调研采用匿名方式进行。匿名方式可使调研对象畅所欲言，提高调研数据的真实性。

（4）易于标准化：由于调研问卷的格式是统一设计的，所收集信息的形式相对规范，易做分类处理。

### 2. 缺点

（1）信息收集范围受限：针对性太强，无法获得调研问卷所列信息之外的信息。

（2）回收率难以保证：调研问卷的回收受调研对象的影响，存在不填写问卷、填写后不反馈结果等情况。

（3）深度不足：与访谈法相比，问卷调研法难以收集问题产生的根本原因及具体解决方法等准确信息。

### 3. 应用时机和原则

（1）问卷调研法通常用于从多个主题中确定培训需求。当需要大量的反馈、目标人群数量较多或分布范围较广时，可以采用问卷调研法作为培训需求调研方法。根据调研主题的不同，调研对象可以是潜在学员、潜在学员的上级或下属、客户、业务价值链上的关键利益相关方等。

（2）开展问卷调研时，应确保调研问卷回收率足够高，这样才能保证调研数据正确地、全面地反映所有目标人群的情况。例如，如果目标人群是100人，最后只收回了10份调研问卷，那么这10份调研问卷就不能准确代表其他90人的观点，或者这10份调研问卷所得到的数据是没有显著的统计学意义的。但是，如果收回了70份调研问卷，那么未收回的30份调研问卷所代表的观点与收回的70份调研问卷所代表的观点相似的可能性就会高得多。因此，调研问卷设计出来以后，通常还要对其进行测试。通过测试，一方面可以估算调研问卷回收率，另一方面可以规划提高调研问卷回收率的方法与策略。

## 4.1.2　访谈法

访谈法是指培训方通过面对面沟通、电话沟通或线上沟通等形式，了解受访者的工作、心理和行为，从直接获取的信息中识别与分析培训需求。访谈既可以采取一对一形式，也可以采取小组访谈形式。多数情况下受访者为企业内部人员，必要情况下也包括外部客户或业务价值链上的上下游合作方等。受访者包含但不限于培训需求提出方、潜在学员或潜在学员代表、潜在学员的上级、潜在学员的同事、潜在学员的下属、客户、业务专家、供应商、渠道商等。

在培训需求调研中，针对组织、业务、人员3个层面，通过访谈公司核心管理层，了解组织整体目标与战略要求对人员的期望；访谈业务部门负责人，了解岗位各项工作任务要求及业务结果目标要求；访谈岗位员工，了解现有绩效水平与理想的绩效标准之间的差距。

### 1. 优点

（1）从多维视角分析调研数据：对不同的群体进行访谈，不仅可以获得更加全面的信息，还可以从不同的角度分析事情的真实状况。

（2）深度挖掘调研数据：通过访谈可以获取深度信息，这是常规的调研方法无法做到的。例如，对于重要的问题可以采用递进式询问方法，进行深度信息挖掘。

（3）交叉验证调研数据：除了通过交流获得基于访谈问题的调研数据，还可以通过受访者的表情、声音、语速、肢体动作的变化获得额外的信息，从而与基于访谈问题获得的调研数据进行交叉验证，分析调研数据的真实性和全面性。

（4）建立信任与共识：访谈的过程既是数据收集的过程，也是与业务部门、受访者及利益相关方建立友好关系和达成共识的过程。在此过程中与利益相关方建立的信任与共识将直接或间接地影响后续培训工作的开展和成效。

### 2. 缺点

（1）时间成本高：耗用时间较多，当采用一对一访谈时，投入的人力和时间更多。

（2）访谈技巧要求高：要求访谈者有较好的访谈技巧，否则不容易获得受访者的信任及高质量的调研数据。

（3）数据分析能力要求高：访谈数据以定性数据居多，数据资料处理与结果分析难度系数大。

### 3. 应用时机和原则

（1）在针对关键利益相关方及决策方进行培训需求数据采集时，建议采用访谈法。通过访谈，既可以深入地、全面地采集需求信息，还可以与受访者建立充分的信任关系，针对培训工作的开展达成共识，为后续培训工作的落地执行做好铺垫，打下基础。

（2）针对关键的业务问题、集中凸显的培训诉求、未来前瞻性的变革转型方向等关键主题场景，建议采用访谈法进行需求分析数据采集。通过访谈，全面了解事实情况本身，并探寻可能的解决方案。

（3）对于非重要的人群或问题方向，建议避免采用访谈法进行数据收集。在时间紧迫、访谈技巧不成熟的情况下，建议采用其他数据收集方法，降低访谈法的使用频率。

## 4.1.3 观察法

观察法是指培训方通过观察员工在岗位上的实际工作情况，了解员工在工作中存在的困难、问题或偏差行为，识别哪些可通过培训手段解决，以确定培训需求。观察法一般在非正式情况下实施，以免造成被观察者紧张、不适或行为掩饰。

应用观察法时，观察员需要对被观察者的工作有相对深入的了解，否则无法进行有效观察。因此，在条件允许的情况下，尽可能请员工的直接上级或同事协助观察。相比较而言，观察法的适用范围有限，一般适用于易被直接观察和了解的工作岗位，不适用于复杂度高的工作岗位及相关操作。

为提高观察效果，需提前设计好观察记录表，以提高观察结果的准确性。

### 1. 优点

（1）数据质量高：在做好充分准备的情况下开展观察活动，采集的数据具有较高的真实性和准确性。

（2）便捷性好：不需要额外耗费被观察者的时间和精力，可以在工作岗位上直接完成数据收集。

### 2. 缺点

（1）对被观察者工作的熟悉度要求高：观察员必须熟悉被观察者所从事工作的流程及内容。

（2）易受主观性影响：观察结果容易受观察者个人的主观性影响。

（3）观察结果偏差：被观察者如果意识到自己被观察，可能出现掩饰行为，呈现出非真实状态，造成结果偏差。

（4）数据分析难度大：观察法采集的数据以定性数据为主，数据分析和结果诊断的专业度要求高，难度系数较大。

### 3. 应用时机和原则

（1）当需要针对实操性较强的工作岗位或工作场景了解培训需求，尤其是需要针对这类场景了解绩效差距和能力差距时，岗位观察法是较好的数据收集方法之一。

（2）为了在观察过程中避免产生霍桑效应（被观察者知道自己"被观察"，因此迎合观察者或刻意掩饰真实情况），建议培训方留出充足的时间进行岗位观察活动的设计规划及观察员的邀约。

（3）为了确保观察数据采集得高效、准确，建议对观察员进行相应的专业培训。

## 4.1.4 文档分析法

文档分析法是指培训方通过收集组织内部现有的文件资料，如解读组织战略的重要文件、讲话稿、会议材料、经营报告、人力资源规划说明、上年度培训计划、计划完成情况、流程指南、绩效指标、绩效评测结果、职位管理文件、工作分析记录及相关系统数据等信息，对要点内容进行分析、研究与提炼，以识别培训需求。

对培训方而言，获取组织的相关资料难度一般不大，难点是如何在繁杂的文档中找到有效信息，深入挖掘，建立关联，为培训需求调研提供有价值的参考与输入。

**1. 优点**

（1）时间成本低：文档数据收集速度快、耗时少。

（2）费用低：文档资料相对容易收集，费用预算少。

（3）准确性高：组织内部文档资料的信息质量高。

**2. 缺点**

（1）需要对数据进行再分析：不能直接显示解决办法，需要针对文档数据进行进一步分析。

（2）数据管理系统要求高：收集的文档资料可能不全面，尤其是在数据管理水平低、管理系统不完善的组织，往往无法收集有效的信息。

（3）数据分析专业水平要求高：要求数据分析人员有能力从繁杂的原始材料中整理并识别出可通过培训解决的问题。

**3. 应用时机和原则**

（1）当需要通过各类型组织中既定的相关政策要求、流程职责描述、考核标准及行业发展趋势概况等了解培训需求时，建议采用文档分析法进行数据收集。

（2）使用文档分析法收集的资料所含信息往往纷繁复杂，可以采用文档信息归纳列表进行管理，如表4-1所示。

表 4-1　文档信息归纳列表

| 归纳人： | 归纳时间： |
|---|---|
| 归纳方式（用"√"标出）：　□资料收集　　　□资料整理 | |
| 资料份数： | |
| 资料完整情况： | |

| 资料信息分类 | 内容 |
|---|---|
| 组织信息 | |
| 外部信息 | |
| 管理层信息 | |
| 部门信息 | |
| 岗位信息 | |
| 个人信息 | |
| 备注： | |
| 整理人： | 日期： |

## 4.1.5　关键事件法

关键事件法是指培训方通过对员工在工作中做得最好或最差的事件进行分析，对造成事件的工作行为进行认定，从而做出工作绩效评估。通过识别优秀的与较差的行为差异，可以判断哪些是培训需求，哪些是非培训需求。当组织内外部发生对组织、员工或客户影响较大的正向或负向事件时，如新闻媒体集中报道、客户投诉、产品断货、员工违反组织纪律造成损失、员工经常性失误等，则可以采用关键事件法进行数据收集。

对关键事件的描述通常应包含事件发生的时间、地点、原因和背景，以及事件中涉及的利益相关方、各利益相关方采取的举措、成功或有效的行为及结果、失败或无效的行为及结果、事件结果与期望的标准之间的差距、导致差距的原因、持续改善的建议和方法等。

### 1. 优点

（1）针对性强：关键事件本身往往具有一定的代表性和研究价值。通过对关键事件进行数据收集和数据分析，可以深入挖掘和分析隐性的培训需求及前瞻性的未来培训诉求。

（2）数据质量高：使用关键事件法进行数据收集时，通常采用一对一或一对多的访谈法及文档分析法，所收集数据的全面性、准确度较高。

### 2. 缺点

（1）数据收集专业度要求高：要求数据收集人员具备较高的访谈能力，在访谈过程中尤其需要熟练运用引导催化技巧进行信息探寻和挖掘，否则容易导致数据挖掘不深入、不完整，或者因为受访者的主观偏见、喜好及记忆不准确而导致数据不真实和数据偏差。

（2）数据分析难度高：使用关键事件法收集的数据中，定量数据和定性数据均有，但以定性数据居多，因此对数据分析能力要求高，否则容易导致分析结果的准确性和全面性不足。

（3）时间成本高：相比问卷调研法，关键事件法需要耗费更多时间。

### 3. 应用时机和原则

（1）关键事件法是针对典型场景、典型问题和典型挑战进行的一种针对性极强的培训需求分析。因此，在决定是否针对某个事件进行需求分析之前，首先要分析和判断该事件是否能够被定义为关键事件。评判某个事件是否为关键事件，建议从下列某个或某几个维度进行判断。

- 事件所影响的人群广度和数量：事件影响面越大，越值得被视为关键事件。

- 事件结果所产生的战略影响：事件结果与组织战略的关联度越高，产生的战略影响越大（正面影响或负面损害），越值得被视为关键事件。

- 事件过程和事件结果的典型性大小：事件本身若从内容到形式、从过程到结果具有较高的代表性、适用性、可复制性，则可以被视为关键事件。

（2）采用关键事件法时，要求数据收集人员具备较强的数据收集能力和定性数据分析能力。因此，决定采用关键事件法进行培训需求调研时，首先需要确保团队具备相应的专业能力。

培训需求调研方法的选择应服务于调研目的和需求本身，只有清楚每种培训需求调研方法的特点与适用场景，才能更好地运用它们。各种培训需求调研方法的比较如表4-2所示。

表4-2  培训需求调研方法的比较与应用

| 培训需求调研方法 | 优点 | 缺点 | 应用时机和原则 |
| --- | --- | --- | --- |
| 问卷调研法 | • 时间短<br>• 成本低<br>• 准确度有保障<br>• 易于标准化 | • 信息收集范围受限<br>• 回收率难以保证<br>• 深度不足 | • 当需要大量的反馈、目标人群数量较多或分布范围较广时，可以采用问卷调研法作为培训需求分析的工具<br>• 开展问卷调研时，重点是调研问卷回收率要足够高，这样才能够保证回收的调研问卷的结果可以正确地、全面地反映所有目标人群 |

| 培训需求调研方法 | 优点 | 缺点 | 应用时机和原则 |
|---|---|---|---|
| 访谈法 | • 从多维视角分析调研数据<br>• 深度挖掘调研数据<br>• 交叉验证调研数据<br>• 建立信任与共识 | • 时间成本高<br>• 访谈技巧要求高<br>• 数据分析能力要求高 | • 在针对关键利益相关方及决策方进行培训需求数据采集时，建议采用访谈法进行数据收集<br>• 针对关键的业务问题、集中凸显的培训诉求、未来前瞻性的变革转型方向等关键主题场景，建议采用访谈法进行培训需求分析数据采集<br>• 对于非重要的人群或问题方向，建议避免采用访谈法进行数据收集 |
| 观察法 | • 数据质量高<br>• 便捷性好 | • 对被观察者工作熟悉度要求高<br>• 易受主观性影响<br>• 观察结果偏差<br>• 数据分析难度大 | • 适用于实操性较强的工作岗位或工作场景，以了解培训需求<br>• 建议培训方留出充足的时间进行岗位观察活动的设计规划及观察员的邀约<br>• 为了确保观察数据采集得高效、准确，建议针对观察员进行相应的专业培训 |
| 文档分析法 | • 时间成本低<br>• 费用低<br>• 准确性高 | • 需要对数据进行再分析<br>• 数据管理系统要求高<br>• 数据分析专业水平要求高 | • 当需要通过各类型组织中既定的相关政策要求、流程职责描述、考核标准及行业发展趋势概况等了解培训需求时，建议采用文档分析法进行数据收集<br>• 使用文档分析法收集的资料所含信息往往纷繁复杂，建议做好文档信息归纳管理 |
| 关键事件法 | • 针对性强<br>• 数据质量高 | • 数据收集专业度要求高<br>• 数据分析难度大<br>• 时间成本高 | • 从三个关键维度分析评判是否能够被定义为关键事件：事件所影响的人群广度和数量、事件结果所产生的战略影响、事件过程和事件结果的典型性大小<br>• 需要确保培训需求分析团队具备相应的专业能力 |

# 4.2
# 调研问卷设计与开发

采用问卷调研法进行数据收集时，能否收集到充分有效的数据，取决于调研全流程中的多个因素，调研问卷设计得科学与否是其中一个关键因素。评判调研问卷设计的科学性有两个标准：效度和信度。效度，即有效性，是指调研问卷能够准确测出所需测量的事物的程度，测量结果与要考察的内容越吻合，则效度越高；反之，则效度越低。信度，即可靠性，是指当采取同样的方法对同一对象重复进行测量时，所得结果一致的程度，即测量数据的可靠程度。

如何设计和开发兼具效度和信度的调研问卷呢？本节从调研问卷设计要点、调研问题设计原则、调研问卷测试、调研问卷的信度与效度4个方面进行剖析和展示。

## 4.2.1 调研问卷设计要点

调研问卷是一种结构化的信息获取方式，有时候一个表面看起来简单甚至无关紧要的问题，事实上经过了科学的设计。为了确保调研问卷的效度和信度，在设计调研问卷时，需要着重关注5个要点，如图4-1所示。

| 1 | 2 | 3 | 4 | 5 |
|---|---|---|---|---|
| 明确培训需求调研的目标 | 明确用何种统计方法分析每个问题 | 分析判断汇报对象及其关注点 | 明确谁是合适的调研对象 | 正确编排调研问题的顺序 |

图4-1 调研问卷设计要点

### 1. 明确培训需求调研的目标

在设计调研问卷顶层架构时，首先需要澄清和确认培训需求调研的目标。调研目标的确定将直接决定调研对象的层级和范围、调研问题类别的选择、调研数据的分析方法及调研结果的汇报方式。一份调研问卷可以承载一个或多个调研目标。如果调研目标被设定为了解员工能力现状，则调研对象只需要包括调研员工及其上级主管，不需要涉及公司高管层；如果调研目标是全面分析和诊断组织战略目标与业务结果的实现过程，需要通过培训的干预手段给予协助，问卷调研就要从宏观的组织层面、中观的工作层面、微观的人员层面进行数据收集。此外，针对不同层面的利益相关方采用的调研问卷所包含的调研问题和视角也有所差异，不同问卷中的问题所收集的数据信息要能够起到相互校验的作用。

### 2. 明确用何种统计方法分析每个问题

调研目标决定调研问题的类别，调研问题的类别决定调研数据的种类，而调研数据的种类决定数据分析的方法。使用问卷调研法收集的数据多数情况下属于定量数据，只有在调研问卷中设置开放式问题，收集的数据才属于定性数据。针对选择题（单选题或多选题）、李克特评分量表问题、数据填空题等收集的数据，主要采用统计学方法进行数据分析。选择题或李克特评分量表问题收集的数据在统计学上属于非连续型数据，严格意义上不适合采用多元回归等统计方法，只有连续型数据才适合采用多元回归等统计方法。例如，调研人员想在调研问卷中了解调研对象对公司的满意度，如果把满意度分数用区间方式表达成选择题，A代表70分以下，B代表71~79分，C代表80~89分，D代表90~100分，这种区间类数据属于非连续型数据（分类数据），选择统计方法时很受限制。如果在调研问卷中采用数据填空题，允许调研对象填写对公司满意度的具体分数，则收集的调研数据属于连续型数据，在选择统计方法时具有更大的自由度。因此，设计调研问卷时，设计者需要基于调研目标确定调研问题的类别，从而预设需要采用何种统计方法进行数据分析，并且前瞻性地分析判断该统计分析方法能否达到调研目标的要求。

### 3. 分析判断汇报对象及其关注点

汇报对象由调研目标确定，不同层级的汇报对象熟悉和关注的内容方向不同。组织高管层熟悉当前的战略目标及未来的战略愿景，因此能够就战略目标实现需要的人才数量、质量（能力水平）及结构分布等要素给予指引性说明。

高层管理者在培训专业技术上往往不如培训从业者精通，也不太熟悉具体岗位、具体人员的能力现状，他们重点关注的是在规模扩张、品牌塑造、质量提高、成本降低、变革创新等战略目标实现的过程中，人才梯队是否具备，以及培训能够发挥怎样的支持作用。业务管理者关注的是业务结果指标的实现，以及培训在此过程中发挥的作用。员工则关注能力提高和岗位胜任。调研问卷的结构设计及具体问题的开发，需要基于汇报对象及其关注点的不同有所侧重，否则容易造成应该纳入问卷的问题没有被纳入，从而大大降低调研问卷的效度。

### 4. 明确谁是合适的调研对象

调研对象的选择应考虑两点：第一，哪些群体适合以问卷调研的形式收集数据；第二，如何选择调研样本。调研样本选择的方法和原则将在第5章详细阐述。关于问卷调研的调研对象，建议选择覆盖面广、人数多的群体。针对高管层，尽量采用一对一或一对多的访谈方式。当高管人数在20人以上或在有限的时间内无法实施访谈时，则可以考虑采用问卷调研的形式。

### 5. 正确编排调研问题的顺序

正确编排调研问题的顺序，不仅关系到问卷设计的逻辑，也关系到问卷的有效回收率及回收数据的真实性。如果将一份调研问卷分为前面、中间、最后3个部分，通常将容易回答的、引入性问题放在前面，以降低回答门槛，减少问卷填写者的压力与畏难情绪；核心的关键问题放在中间，这些往往是最耗费时间和精力回答的问题；最后一部分为背景性问题，可以在数据分析时使用。这是编排调研问题的基本逻辑，在此基础上还需要注意8项排序原则（见图4-2），它们是经过丰富的实践与研究后总结出来的经验与规律。这8项排序原则的应用有助于提高调研问卷的效度和信度。

- 先问客观性问题，再问主观性问题
- 先从熟悉的问题入手，逐步转入不熟悉的问题
- 相对简单的问题放在问卷前面
- 按照事情发生的时间顺序或逻辑顺序发问
- 所有的问题之间是相互独立的
- 避免问题的表现形式千篇一律
- 敏感问题放在问卷中间部分的适当位置
- 各问题之间有一定的逻辑关系

图4-2 调研问题排序原则

## 4.2.2 调研问题设计原则

调研问题设计的质量高低在很大程度上影响调研问卷的效度和信度。凭感觉、凭经验设计，容易造成逻辑不清晰、语义不规范、导向错误等问题。为了避免调研问卷出现撰写偏差甚至无效，应考虑以下设计原则。

### 1. 语言表达标准规范

用清晰的语言说明想获取的信息，避免造成问卷填写者的理解偏差，导致调研问题无效。假如你是某制药公司市场部人员，贵公司有治疗胃疼的药品。你决定采用问卷调研法进行一次市场调研，了解广大消费者对治疗胃疼的药品的品牌使用偏好及对品牌的认知度。基于上述调研目标，如果调研问题为"你通常采用什么方法治疗胃疼"，试想一下，这个调研问题能否收集到所需要的调研数据？问卷填写者是否会出现理解偏差？很显然，问卷填写者会理解为用热敷、喝热水、吃胃疼药等多种治疗胃疼的方法。即使用选择题进一步锁定上述题干表达的语义，也会出现选项与题干不匹配的问题。基于调研目标，可将题干表述为"你通常用什么品牌的药治疗胃疼"。这种标准规范的题干表述（见图4-3）能最大限度地减少问卷填写者的理解偏差，提高调研问卷的效度和信度。

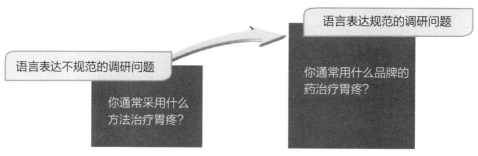

图4-3　语言表达不规范与规范的调研问题设置对比示例

### 2. 问题要具体，避免抽象和宽泛

调研问题越聚焦、表达越具体，越容易获得问卷填写者的真实反馈；相反，当问题过于宽泛，不容易做出判断时，答案则很可能失真。假如你是图书发行商，打算针对某本书进行一次市场调研，了解其受欢迎程度，如询问"你觉得其他人会喜欢这本书吗"，试想所收集回来的数据真实程度如何？每个人都可以判断自己是否喜欢这本书，但缺乏充分的信息来判断其他人是否也喜欢这本书。因此，这个调研问题虽然不会造成问卷填写者的理解偏差，但会使问卷填写者在没有充分信息的情况下进行主观判断和作答，导致调研数据缺乏可靠性。如果将调研问题修改为"你会把这本书推荐给其他人吗"（见图4-4），则可以通过询问问卷填写者判断其对这本书的态度。如果问卷填写者表示愿意把这本书推荐给其他人，表明其对这本书持积极的态度。

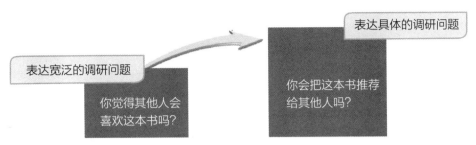

图4-4 表达宽泛与具体的调研问题设置对比示例

### 3. 避免带有偏见、感情色彩浓厚的文字表述

为了让问卷填写者以客观中立的态度进行答题反馈，调研问题从内容到措辞必须保持客观中立，避免出现立场和情感倾向，从而提高调研数据的客观性。调研问卷设计者应避免在问卷中表达个人立场或情绪，而应保持客观中立的态度。例如，"在公司新一届决策委员会选举中，你会投周阳博士一票吗""在公司新一届决策委员会选举中，你会投自由主义者周阳一票吗"，这两个问题中用来描述周阳的"博士"和"自由主义者"两个词语，均带有明显的褒贬情感色彩与导向，在一定程度上会影响问卷填写者的意见。如果将调研问题修改为 "在公司新一届决策委员会选举中，你会投周阳一票吗"（见图4-5），则表达得更客观。

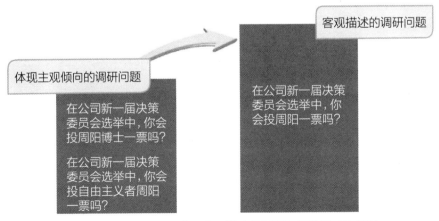

图4-5 体现主观倾向的与客观描述的调研问题设置对比示例

### 4. 对敏感信息的询问方式要谨慎

关于哪些信息属于敏感信息，不同的群体有不同的理解，不同文化环境对敏感问题的界定也有所差异。通常情况下，年龄、收入水平、学历水平、政治立场、宗教立场、种族观念等属于较为敏感的信息。因此，在涉及敏感信息调研时，需要充分考虑问卷填写者的特点和文化环境。如果调研问卷中涉及敏感问题，可以采用区间形式的选择题或类别性选择题，以替代针对性较强的迫选题或填空题。例如，针对敏感的收入问题进行调研时，通常问卷填写者不愿意填写真实、具体的收入，而愿意选择收入区间（见图4-6）。

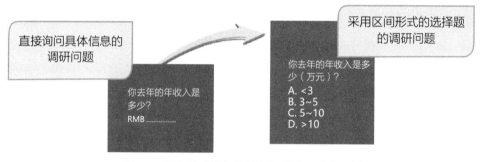

图4-6　调研敏感信息的调研问题设置对比示例

### 5. 每个问题只从一个维度发问

如果一个问题中包含两层意思或两个问题，由于不同的问题填写者可能有不同的答案，则可能无法一次完全表达意见。例如，"课程开发、授课技巧对你很重要吗"这个问题就是从两个维度发问的。问卷填写者可能认为这两个维度对自己都很重要，也可能认为两者都不重要，还可能认为其中之一重要。因此，可将这个问题拆成两个问题："课程开发技巧对你很重要吗""授课技巧对你很重要吗"，或者将原来的问题由单选题更改为多选题，如图4-7所示。

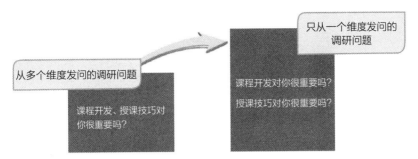

图4-7　每个问题从多个维度发问和只从一个维度发问的调研问题设置对比示例

## 6. 答案选项覆盖全面，且不预设假定前提

该原则是为了避免调研问卷中的答案选项不能完全穷尽列举，或者因为问卷设计者先入为主带有某种假设，预设问卷填写者的回答符合答案选项所描述的情况，导致问卷填写者无选项可选。例如，询问"你在用哪个品牌的计算机？A.联想　B.苹果"，如果问卷填写者的情况不符合其中任何一个选项，则其可能放弃回答或任选一个，导致结果失真。因此，可以将答案选项修改为"A.没有计算机　B.联想　C.苹果　D.其他"，这样一来既考虑了问卷填写者可能没有计算机的情况，也用"其他"代替了未能列明的其他品牌。

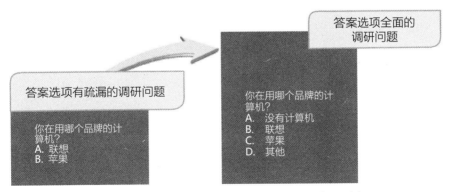

图4-8　答案选项有疏漏与全面的调研问题设置对比示例

## 7. 答案选项之间必须相互独立且不交叉

该原则是指问卷中的答案选项在内涵和外延上不能有包含与被包含关系

或交叉关系，否则边界不清晰，容易造成对答案选项的理解偏差和数据真实性偏差。例如，询问"你在哪里长大？ A.农村　B.城市　C无锡"，"农村"和"城市"两个选项之间没有交叉关系，也没有包含与被包含关系。但是，"无锡"的市区属于"城市"的定义范畴，"无锡"的农村属于农村的定义范畴。因此，选项C与选项A、B具有交叉关系及包含与被包含关系，这样就会给问卷填写者造成选择障碍，导致数据分析结果的偏差。可将这个问题的答案选项修改为"A.农村　B.城市"，如图4-9所示。

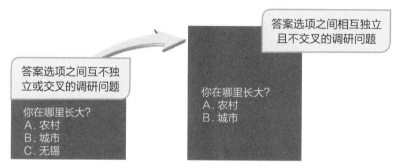

图4-9　答案选项之间互不独立或交叉与相互独立且不交叉的调研问题设置对比示例

### 8. 不对答案做任何引导和暗示

调研问题的题干描述中如果出现暗示性或诱导性词语或内容，可能会使问题填写者无法切实反映内心的真实想法，或者将思考方向限制在某个范围内，导致回答出现偏差。例如，询问"你不觉得大客户销售的培训对销售业绩的提高很有帮助吗"，这个问题的题干描述带有问卷设计者明确的观点导向，即大客户销售的培训对销售业绩的提高是很有帮助的。带有明显的观点倾向的调研问题容易干扰或误导问卷填写者的回答。因此，为保证收集数据的客观性，可将这个问题修改为"你如何看待大客户销售培训与销售业绩之间的关系"，如图4-10所示。

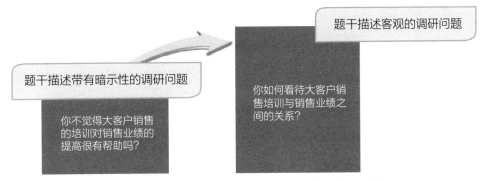

图4-10　题干描述带有暗示性的与客观的调研问题对比示例

## 案例4-1：天潭国际培训需求调研问卷（针对公司主管及下属员工）🔍

天潭国际现有员工60 000多人，基层主管3 500多人，是公司重要的腿部力量。培训中心需要了解基层主管对自己及部门员工培训的意见和需求，从信息收集的现实性考虑，第一轮调研要想覆盖全员，问卷调研法是最可行的选择。调研方法的科学性不仅影响所收集数据的质量，也反映了培训中心人员的专业能力。为了从源头把好关，项目小组设计的所有调研方法在正式应用前都必须经过赵总的审核。

章主管将设计好的问卷初稿拿给赵总审核，作为有10多年培训管理经验的专业人士，赵总看过后抛出了几个问题。

- 调研问卷采用什么方式回答？

- 填写问卷的人很多，填写回答者姓名的目的是什么？

- 用能力清单勾选的方式是否能够真实地了解员工的能力现状和培养需求？

- "您认为您参与培训的意愿如何"这个问题是否真的能收集有效的数据？

● 问卷中的这8个问题是否代表了关键利益相关方的培训需求?

……

面对赵总的疑问,章主管急忙回应,嘴上一边说,心里一边打鼓。

如果你是章主管,下面这份调研问卷还需要做哪些方面的优化调整?

---

### 天潭国际培训需求调研问卷

（适用于所有员工及中层以下管理者）

尊敬的各位同事:

为保证公司的持续快速发展及全体成员的职业成长,我们正在编写年度培训需求分析报告,请您根据实际情况配合我们完成此次问卷调研工作,您的想法与建议将得到充分的尊重。

感谢您的支持与配合!

姓名:_____ 所属部门:_____ 岗位/职称:_____ 日期:_____

1. 您认为您在从事本职工作时,以下哪些核心能力需要进一步训练和提高? (可多选)

| 打√ | 核心能力 | 打√ | 核心能力 | 打√ | 核心能力 |
|---|---|---|---|---|---|
| ( ) | 调研与分析能力 | ( ) | 团队协作能力 | ( ) | 学习意识/个人发展意识 |
| ( ) | 预测能力 | ( ) | 换位思考能力 | ( ) | 服务意识 |
| ( ) | 应变能力 | ( ) | 技术应用能力 | ( ) | 目标意识 |
| ( ) | 沟通交流能力 | ( ) | 时间管理能力 | ( ) | 主动权/责任感 |
| ( ) | 计划与组织能力 | ( ) | 主动引导能力 | ( ) | 共享意识 |
| ( ) | 问题解决能力 | ( ) | 经验总结能力 | ( ) | 变通意识 |
| ( ) | 压力管理能力 | ( ) | 注重细节 | ( ) | 危机意识 |
| ( ) | 其他(请注明) | ( ) | 其他(请注明) | ( ) | 其他(请注明) |

2.在过去的一年中，您都参加了哪些培训？（可多选）

☐经营管理战略类　　☐人力资源管理类　☐财务管理类

☐沟通交流类　　　　☐其他

3.您认为最好的培训方式是：

☐课堂讲授　　☐互动研讨式　☐案例解析式　☐观看多媒体光盘

☐户外体验式　☐其他（请说明）

4.您认为最佳的培训时间是：

☐周一至周五　☐周末　　☐无所谓

5.您认为最佳的授课天数是：

☐1天　　☐2天　　☐3天　☐3天以上

6.在考虑参加培训时，您认为最主要的考虑因素是什么？（可多选）

☐成本　　☐培训效果　　☐课程内容的针对性　☐讲师水平

☐员工真正的需求　☐培训周期　　☐其他

7.您认为您参与培训的意愿如何？

☐非常主动　　☐主动　　☐不主动　　☐非常不主动

8.您对公司的培训工作有何建议？

非常感谢您参与本次调研问卷的填写。

优化建议如下。

### 1. 减少问卷填写的非必要项

进行问卷调研时，要让问卷填写者将精力聚焦在必须填写的信息上。例如，"日期"一项，当调研采用线上形式时，系统会自动记录日期；当调研问卷采用线下方式进行时，则调研问卷中有必要设置"日期"这一项。

### 2. 提升问卷填写者的安全感

除非有特别的需求，尽量采用匿名方式，即不要求问卷填写者填写姓名。匿名方式有助于减少问卷填写者的顾虑和负担，提升其安全感，使其更愿意表达、反馈真实想法。

### 3. 避免问卷内容造成理解差异

第1题采用能力清单勾选方式发问，设置了不同的核心能力项，但对核心能力并没有做具体定义，容易造成问卷填写者的理解偏差，导致收集的数据缺乏客观性。如果采用能力清单勾选方式了解问卷填写者的能力现状和提高需求，建议做好两个方面的设计规划：第一，针对每个核心能力项，做简明扼要的描述或界定，以减少或避免问卷填写者的理解偏差；第二，对于该类型的调研数据，需要与使用文档分析法和访谈法等其他调研方法收集的数据做交叉验证。

### 4. 避免回收不真实的信息

例如，第7题"您认为您参与培训的意愿如何"，这个提问存在数据收集不真实的风险。问卷填写者出于迎合心理或自我保护心理，会倾向于回答"非常主动"或"主动"，如此一来，调研数据并未反映事实情况，容易对调研结果造成误导。因此，如果想了解问卷填写者参与培训的意愿，可以询问："如果不参加培训，你觉得可能会对你的工作产生多大的影响或将产生哪些方面的影响？"

### 5. 全面了解关键利益相关方的培训期望

天潭国际的培训需求调研问卷设计的8个问题仅聚焦于了解问卷填写者本身（主管及下属员工）的培训需求，没有涉及横向或纵向其他利益相关方的培训期望和要求。依据Goldstein模型，应该有相关的问题涉及宏观组织层面的期望、中观工作层面的关键结果目标要求，以及微观人员层面的能力现状与学习风格等。由此可见，该调研问卷收集的数据不足以支撑精准分析真实的培训需求。

## 4.2.3　调研问卷测试

对培训部门而言，设计调研方法好比生产一种特殊的产品，在正式面向用户投入使用前，通常要对调研问卷进行测试。在测试中，除了检查问题的结构或整体布局是否合理，还要考虑几个要点，如图4-11所示。

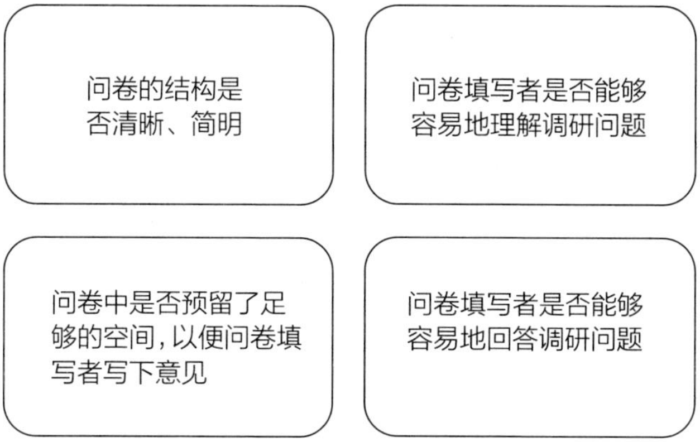

图4-11　调研问卷测试要点

调研问卷测试的过程分为以下几个步骤。

（1）如果有不同的小组参与，要从每个小组中挑选少数代表进行测试。

（2）测试可以选择在一个封闭的会议室或教室进行，将调研问卷分发给测试者，要求他们在规定的时间内完成测试。

（3）仔细观察测试者的反应（包括他们的面部表情），推断他们是否对问题感到困惑，或者问题对他们来说是否存在很大挑战。

（4）要求测试者在填写问卷的过程中写下他们遇到的问题。

（5）对测试的结果进行总结，针对改善建议做进一步优化调整。

## 案例4-2：天潭国际培训需求调研问卷（针对管理者）

有了第一次请赵总审核调研问卷的经历，章主管不敢懈怠，他重新熟悉和巩固了之前学习的培训需求调研方法的开发技术，并注意将关键点应用到所开发的调研问卷中。

考虑到公司业务的多元化，不同业务板块对管理者和员工的能力要求、绩效标准差异大，为使调研问卷既体现差异性，又具有普遍实用性，针对性地了解中基层管理者和员工的不同需求与声音，章主管在和张主管交流意见后，作为调研方法开发的主要负责人，两人最终编制了两份分别针对管理者和员工的调研问卷。这两份调研问卷设计的方法论融合了Goldstein模型、绩效改进技术及柯氏四级评估法，每份调研问卷中包含的问题既关注组织层面、工作层面和人员层面的诉求，又关注培训需求的满足能够达成哪些业务结果指标，以及如何保障培训的执行能带来期望的行为改变。

针对管理者的调研问卷应能实现3个目的：一是了解不同业务板块的管理者最关注的业务结果指标；二是听取他们在专业能力、通用能力提高方面的意见和诉求；三是掌握管理者在辅导下属方面的认知、意愿、现状、差距及原因等多维度信息，既能有的放矢地契合管理者的诉求，又能识别准确的培训需求，锁定最迫切需要通过培训手段干预的方面。

针对主管及下属员工的调研问卷充分考虑了员工的特点。其中针对管理者的调研问卷如下所示，针对主管及下属员工的调研问卷参考案例4-1。这两套调研问卷中的问题各有侧重，所收集的数据可以互相佐证，交叉验证数据的真实性、准确性。

### 天潭国际年度培训需求调研问卷——管理者

调研问卷说明：

该调研问卷旨在通过对您的调研，从整体上了解您及您的团队下一年度的培训需求。因此，为了更好地满足您及您的团队下一年度的学习需求，请您花5~10分钟填写这份调研问卷。您提供的信息对我们的分析诊断非常重要。

请于_____年__月__日之前将该调研问卷填写完成，并交回各单位_____（问卷回收联系人）；或者电话知会我们（电话号码：_____），由我们前去收取。您也可以双击_____（网址链接）完成在线问卷填写。此外，您还可以在手机等移动端扫描二维码，在线填写完成该调研问卷。您的信息、意见和建议将得到充分的尊重和保密，我们保证该调研问卷所收集的信息仅作为确定下一年度的培训需求，不会用于其他用途。

感谢您的全力配合与支持，祝您工作愉快！

××公司培训部

××××年××月××日

#### 第1部分：培训需求调研

1. 请在下列KPI列表中，勾选出最适合您及您的团队的5项（对于列表中未涵盖的KPI，请在"其他"栏填写）。

| KPI（关键绩效指标） | | 打 √ |
|---|---|---|
| 组织绩效 | 成本管理 | |
| | 安全 | |
| | 工作效率 | |
| | 客户反应速度（时间长短） | |
| | 销售额 / 业务收入 | |
| | 员工流失率 | |
| | 员工满意度 | |
| | 人才培养数量 | |
| | 人才成长速度 | |
| | 客户满意度 | |
| | 客户投诉率 | |

其他（请详细说明）：

2. 未来一年，您本人希望在哪些岗位专业知识/技能方面得到进一步提高？请填写您认为最迫切需要提高的1~5项。

A._____

B._____

C._____

D._____

E._____

3. 未来一年，您本人希望在以下哪些通用管理类能力上得到进一步提高（可以多选）？

□自我管理方法与技巧（如时间管理、压力管理等）

□团队建设与激励

□自我发展管理（如个人在职业成长方向的规划/计划等）

□绩效辅导/管理（如对下属的绩效辅导、对绩效目标的管理等）

□变革创新（如创新思维、变革管理等）

□人际关系与沟通技巧（如跨部门沟通技巧、有效沟通等）

□职业心态与礼仪（如职业素养、职场礼仪等）

□其他_____

4. 未来一年，您认为您的**下属**应该加强下列哪些岗位专业知识/技能方面的培训？请填写您认为最迫切需要提高的1~5项。

A._____

B._____

C._____

D._____

E._____

5. 未来一年，您认为您的**下属**应该加强下列哪些通用管理技能方面的培训。请勾选您认为最迫切需要提高的1~5项。

□我的下属只是一般员工，不需要接受通用管理技能培训

□团队建设与激励

□自我管理方法与技巧（如时间管理、压力管理等）

□自我发展管理（如个人职业成长方向的规划/计划等）

□绩效辅导/管理（如对下属的绩效辅导、对团队和个人绩效目标的管理等）

□变革创新（如创新思维、变革管理等）

□人际关系与沟通技巧（如跨部门沟通技巧等）

□职业心态与礼仪（如职业素养、职场礼仪、心态培训等）

□卓越服务（如服务心态、服务理念、服务技巧等，此项由一线服务岗位填写）

□营销策划（如战略营销、营销技巧、售后服务等，此项由销售岗位填写）

□项目管理（如项目规划与预算管理、项目进度管理等）

□危机管理（如突发事件的应急处理技巧、方法、策略，以及媒体应对策略等）

□通用领导力（如教练式辅导、班组建设等）

□IT业务管理（如数据管理、研发等，此项由信息岗位填写）

□其他 _____

6. 在未来一年的员工培训与学习过程中，您打算在下列哪些方面开展一些工作？请在"我的打算"一栏打√（可以多选）。

| 开展的工作 | 我的打算 |
| --- | --- |
| 根据工作岗位的需要，帮助下属完成个人学习成长规划 | |
| 在日常工作中及时向上级管理者和培训管理部门表达本部门 / 团队的培训需求 | |

续表

| 开展的工作 | 我的打算 |
|---|---|
| 在下属参加培训之前，与其沟通并确定参训目标 | |
| 在下属完成培训之后，与其探讨如何将所学内容应用到实际工作中 | |
| 在新知识和新技能的应用过程中，主动为下属提供及时的反馈和辅导 | |
| 主动向讲师/导师及培训管理部门提供培训课程的改进意见和建议 | |
| 其他（请详细说明）： | |

7. 在第6题所列的开展的工作中，如果有某些工作没有被列入您下一年度的工作打算，其原因可能与下列哪些方面有关（可以多选）？

☐我还不具备必要的知识和技能

☐不知道应该做到什么程度才算合适

☐我有其他更重要的事情要做

☐不知道用什么方式和渠道来了解下属的学习内容与进展情况

☐没有人要求我这么做

☐即使这么做，也得不到奖励或认可

☐其他（请详细说明）：＿＿＿＿＿＿＿＿＿＿

8. 在下列学习方式中，您认为哪些方式适合您本人及您的团队（可以多选）？

☐邀请外部讲师到公司进行集中讲授

☐由公司内部讲师进行讲授

☐公司内部组织经验交流与分享（如面对面交流分享、微博分享、微信交流等）

☐采用E-learning平台进行在线学习

□在岗指导

□教练辅导

□将所学内容传授给他人

□提供工作辅助工具（如模板、表单、技能操作清单等）

□到标杆企业参观学习

□参加外部培训机构的公开课

□其他（请详细说明）：_____

9.您认为哪些设备设施、培训资源的缺乏对培训效果产生了一定的影响？

□E-learning平台

□符合业务开展需求的培训课程

□教室

□讲师

□训练经费

□其他（请详细说明）：_____

10.您期望公司在下一年度培训过程中针对以下哪些方面有所改进（可以多选）？

□时间安排更合理，应该结合工作生产安排

□培训内容应该与实际工作需求相匹配，讲求实用和落地

□培训形式应该多样化，减少工学矛盾，提高学习积极性

□提高讲师水平，确保讲师做到理论与最新实务操作相结合

□增加讲师数量，确保工作开展所需要的培训课程均有讲师讲授

□保障教学设备满足培训需求

□其他（请详细说明）：_____

**第2部分：基本背景信息**

1. 性别：_____

2. 部门：_____

3. 职务/职位头衔（可以有多个头衔）：_____

4. 当前岗位：_____

5. 在当前岗位的工作年限：_____年

6. 最高学历：_____

7. 年龄：

| 年龄段 | 25 岁以下 | 25~35 岁 | 35~45 岁 | 45~55 岁 | 55 岁以上 |
|--------|-----------|----------|----------|----------|-----------|
| 打√ | | | | | |

## 4.2.4 调研问卷的信度与效度

为了保证调研问卷、收集的数据的准确性，需要对调研问卷的质量进行检验，信度检验和效度检验是检验调研问卷质量的两个重要技术指标，如果达不到标准，则需要对调研问卷进行修订。

### 1. 信度

信度指测量结果的一致性与稳定性，即反复测量结果的接近程度。绝对

精准、完全相同的测量工具在实际工作中是不存在的。为此，有几种相似的测量信度的方法，培训部门可以根据企业现实情况、自身专业程度及测量方法实施的可行性，在调研问卷设计完成后，有针对性地选择测量方法。

1）再测信度

再测信度指使用同样的问卷或测量工具，针对同一人群，在两个不同的时间点测量两次，评价两次测量的相关性。它考查的是经过一段时间后问卷测量结果的稳定性。如果第二次测验的结果和第一次测验的结果相似，则说明测量结果的稳定性高，信度高。

采用这种方法时，需注意对前后两次测量时间的掌控，如果两次测量时间相隔太短，受测者由于对第一次测验的结果印象鲜明，会影响第二次测验的结果，容易造成高度相关的假象；如果两次测量时间相隔太久，受测者的认知由于个人经验的积累或学习等发生本质的改变，容易造成两次测量结果不相关。因此，两次测量时间的间隔不宜太久，也不宜太短，以两周为宜。

2）复本信度

复本信度指使用两套问卷或量表等测量。这两套问卷或量表除了表述方式不一样，在内容、格式、难度、题干及题干提问方式等方面都一致。为了让不同能力水平的被测试者明确了解问卷题干的意思，有时候同一份问卷或测试有甲、乙两种以上的复本，先由一组被测试者用甲卷进行测试，再由同一组人或另一组人用乙卷进行测试，根据这种测验的结果所求得的相关系数即复本信度。如果两个复本几乎是在同一时间内施测的，时间影响可忽略不计，则称为等值系数；如果两个复本施测的时间有一定间隔，则称为等值稳定系数。需要注意的是，两份试卷的内容和格式都必须一致，才能称为真正的复本，同时，复本应几乎在同一时间施测，以剔除时间影响。

3）折半信度

鉴于再测信度受记忆效应的影响，以及复本信度中设计复本问卷的困难程度，心理学家查尔斯·爱德华·斯皮尔曼（Charles Edward Spearman）提出了另一种方法，将调研题目或测试题目划分成均等的两部分，对这两部分做相关性分析，旨在衡量同质性。若相关程度高，代表折半信度高。当没有复本且衡量只能进行一次时，通常采用这种方法。对调研题目或测试题目可以随机划分或以单数题、偶数题划分，通常采用后者，即将奇数题和偶数题分开计分。

**2. 效度**

效度指问卷测量结果的有效性和正确性，即问卷能够测量出想衡量的特性的程度，效度越高，表示测量结果越有效，越能显示测量对象的真实特征。评价问卷的效度可以从不同的角度和层面进行，对调研题目或测试题目可以使用以下几种测量方法，每种方法都有不同的特点和应用要求。

1）内容效度

内容效度指问卷内容是否真正符合调研或测量的目的与要求。如果符合，测量的效度就高；反之，测量的效度就低。评价内容效度通常考虑3个方面：首先，问卷题目所要测量的内容是否属于应该测量的范畴和领域；其次，问卷题目是否覆盖了应该测量的范畴的各个方面；最后，问卷题目的构成比例是否恰当。

2）效标效度

效标效度指测量的结果与一些能够精确地表示测量对象及概念的标准之间的一致程度。根据比较的标准与测量的结果之间是否存在时间上的延迟，可以将效标效度分为预测效度和同时效度两种。

预测效度指测量的结果与测量对象在一段时间以后的表现（预测标准）之间的相关程度，相关程度越高，预测效度越高。用两者之间的相关程度来推定所应用的衡量工具的预测能力。例如，在招聘面试环节，用候选人的笔试成绩和面试成绩来预测其未来在公司的发展潜力，就是预测效度的范例。

同时效度指测量结果与一个已经被验证和确认具有效度的指标之间的相关程度，相关程度越高，同时效度越高。

3）表面效度

表面效度指调研和测量的内容与目标之间是否适合，也可以说调研和测量所选择的项目是否与人们的印象或共识吻合，即"看起来"符合测量的目的和要求。表面效度主要依赖调研设计人员的主观判断。

### 3. 信度与效度的关系

对标准测量而言，效度比信度更重要。信度重点考查问卷测量结果是否一致，而效度重点考查测量结果的有效性，两者之间的差别在于所涉及的误差不同。对调研问卷而言，效度是首要条件，信度是效度的必要条件而非充分条件，有效的问卷一定具有信度，但有信度的问卷未必具有效度。例如，用一把尺子测量身高，该应用场景下的尺子是一种测量工具。如果某人实际身高是180cm，该尺子多次测量的结果均为175cm，表明该尺子的测量结果具有信度，但不具有效度。如果每次测量的结果均为180cm，表明该尺子既有信度，也有效度。因此，在调研问卷开发过程中首先要确保问卷具有充分的效度，同时确保可靠的信度。信度与效度的关系如图4-12所示。

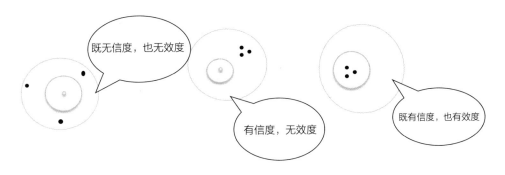

图4-12　信度与效度的关系

# 4.3
## 培训需求访谈大纲开发

访谈是培训从业者熟悉且普遍应用的调研方式之一。然而，熟悉不等于熟练，普遍应用也不等于正确应用。访谈是一项技术性和专业性很强的工作，面对同样的访谈对象与访谈群体，不同专业能力的访谈者的访谈深度及获取的数据质量存在明显差异。想想那些知名谈话类节目中的著名主持人，应用娴熟自然、不着痕迹的引导方法，与访谈对象进行的精彩、深入的交流互动，很少有人会否认他们访谈的专业度。高质量的访谈对访谈者具有非常高的专业素质要求与考验。

从访谈的逻辑结构要求来看，访谈分为结构化访谈、半结构化访谈、非结构化访谈。采用哪种访谈方式，取决于访谈的目的及调研项目目标。以收集培训需求数据为目的的访谈，通常采用结构化访谈或半结构化访谈。相较于非结构化访谈，结构化访谈和半结构化访谈更加注重与强调访谈大纲的设计及开发。研究结果表明，结构化访谈和半结构化访谈（使用预先设计好的问题向访谈对象提问）更有助于收集全面、深入、真实且一致的数据。

针对以收集培训需求数据为目的的访谈大纲开发，本节着重介绍适用于培训需求访谈调研的6种典型适用情境及培训需求访谈大纲开发的基本框架。

## 4.3.1　培训需求访谈的 6 种典型适用情境

准确地识别业务部门发出的培训需求信号是培训部门及培训从业者的重要职责。那么，在哪些情境下，培训方应该采用访谈的方式进行培训需求数据的采集，并准确地识别哪些问题能够用培训手段进行有效干预和解决呢？

### 1. 识别绩效缺陷中隐藏的机会

**示例**：在业务会议中发现，最近对客户投诉的处理时间明显增加，通过分析发现比过往的时间增加了30%。此时，培训部门可以通过访谈进行数据收集，识别绩效缺陷中隐藏的机会，关注点可以聚焦在如表4-3所示的几个方面。

表4-3　识别绩效缺陷中隐藏的机会时访谈的关注点

| 序号 | 关注点 |
| --- | --- |
| 1 | 处理客户投诉的过程是什么？应该如何处理才更有效 |
| 2 | 哪些种类的投诉需要花很长时间才能解决 |
| 3 | 解决投诉应该花多少时间？目前实际花了多少时间？客服部门应该做什么？为什么没有做 |
| 4 | 他们知道如何做吗 |
| 5 | 是否有其他事情阻止或影响了他们这样做 |
| 6 | 还有哪些业务措施可能会因为解决投诉的速度太慢而受到影响 |

### 2. 员工行为不符合要求

**示例**：员工没有很好地完成当前的工作。员工缺乏相关知识、技能或工作态度被认为是此类问题产生的根源。这类问题容易出现在组织变革、工作质量要求提高、新工艺和新业务出现等情境下，而这些不符合要求的行为往往会在很大程度上影响组织变革的实现。此时，访谈的关注点可以聚焦在如表4-4所示的几个方面。

表4-4 员工行为不符合要求时访谈的关注点

| 序号 | 关注点 |
|------|--------|
| 1 | 绩效管理的目标是什么 |
| 2 | 公司特别要求管理者做什么 |
| 3 | 到目前为止，哪些必要的技能或行动没有执行 |
| 4 | 为什么没有执行 |
| 5 | 在能力和技能上有什么差距 |
| 6 | 还有哪些其他根源引起管理者不作为 |
| 7 | 因为管理者的不作为，哪些业务措施是不完善的 |

### 3. 预测未来绩效

**示例**：在传统零售行业，终端导购人员传统的导购技巧已经无法完全适应线上与线下混合的零售模式（O2O模式）。终端导购人员不仅要在线下促成交易，还要在线上维护客户关系并持续推送新产品（如通过微信推送）。此时，访谈的关注点可以聚焦在如表4-5所示的几个方面。

表4-5 预测未来绩效时访谈的关注点

| 序号 | 关注点 |
|------|--------|
| 1 | O2O 模式会影响我们的核心任务吗 |
| 2 | 如果我们不具备这些技能，可能会产生怎样的后果？这对我们的业绩有多大的影响 |
| 3 | O2O 模式是如何影响产品和服务的 |
| 4 | 我们必须做哪些改变 |
| 5 | 改变什么时候开始 |
| 6 | 哪些改变需要沟通 |
| 7 | 哪些改变需要培训 |
| 8 | 哪些需要政策和流程的改变 |
| 9 | 哪些支持性资源需要到位 |

### 4. 业务/流程出现变化

**示例**：对很多企业而言，过去的营销模式是电话销售代表通过打电话创造销售机会，或者通过参加会展进行产品宣传和业务拓展。然而，这两种营销模式在互联网经济模式下似乎效果并不理想。建立自媒体或通过自媒体持续与客户接触，是互联网经济模式下新的营销模式，营销业务流程需要随之发生根本性改变。此时，访谈的关注点可以聚焦在如表4-6所示的几个方面。

表 4-6　业务／流程出现变化时访谈的关注点

| 序号 | 关注点 |
|---|---|
| 1 | 新的营销模式及操作流程是什么 |
| 2 | 新的营销模式下业务目标是什么 |
| 3 | 新的营销模式与现行的营销理念及操作流程有哪些差异 |
| 4 | 新的营销模式的改变是不是很小、很简单 |
| 5 | 员工是否不需要培训就能轻松使用新的营销模式 |
| 6 | 如果需要培训，那么需要进行哪些培训 |
| 7 | 如何衡量培训是否达到了期望的要求 |
| 8 | 在学习和过渡期间，为避免出现负面后果，作为培训的一部分，要采取哪些特定的业务措施 |

### 5. 员工需要新的能力

**示例**：在新的营销模式下，员工需要新的能力，主要包括两项：用新方法解决问题的能力，如用视频电话代替传统打电话；执行新工作（新任务）的能力。此时，访谈的关注点可以聚焦在如表4-7和表4-8所示的几个方面。

表 4-7　用新方法解决问题时访谈的关注点

| 序号 | 关注点 |
|---|---|
| 1 | 需要什么能力 |
| 2 | 什么情况下才需要这些能力？需要达到何种能力水平 |
| 3 | 在特定人群中，如何评价能力水平是否达标 |

| 序号 | 关注点 |
|---|---|
| 4 | 我们是否有可以交付的课程 |
| 5 | 如果没有可以交付的课程，我们应该如何做 |

表4-8　执行新工作（新任务）时访谈的关注点

| 序号 | 关注点 |
|---|---|
| 1 | 具体的工作情境是什么 |
| 2 | 在这种工作情境下，哪些方面亟待改善 |
| 3 | 成功范例是什么 |
| 4 | 哪些因素会对积极的结果产生影响 |
| 5 | 管理层的承诺（各个层面）对新行为的支持力度有多大 |
| 6 | 管理层将采取哪些措施针对不达标行为进行监督和管控 |
| 7 | 当合适的行为得到执行时，是否有激励、认可或奖励 |

### 6. 执行管理要求或命令

**示例**：公司内部会组织一些政策或制度类的培训，很多时候培训方式就是宣读相关文件，效果一般。要做好这类培训，培训经理需要与政策或制度的制定者及使用者探讨相关问题，只有这样才能让培训产生更好的效果。此时，访谈的关注点可以聚焦在如表4-9所示的几个方面。

表4-9　执行管理要求或命令时访谈的关注点

| 序号 | 关注点 |
|---|---|
| 1 | 如果没有执行管理要求或命令，对员工和业务产生的后果是什么 |
| 2 | 如果服从管理要求或命令，对员工和业务有什么好处 |
| 3 | 如果服从管理要求或命令，是否有激励、认可或奖励 |
| 4 | 如果不服从（政府或行业调控），对组织是否有惩罚 |

## 4.3.2　培训需求访谈大纲开发的基本框架

明确了培训需求访谈适用的情境和目标之后，就可以围绕目标设计培训需求访谈大纲了。一份完整的培训需求访谈大纲应遵循如图4-13所示的6个步骤：开场陈述、询问开放性问题、询问探索性问题、询问验证性问题、询问结束性问题、总结访谈信息。这6个步骤的访谈问题的开发思路，既是培训需求访谈大纲开发的基本框架，也是使用培训需求访谈大纲进行访谈的操作流程。

图4-13　培训需求访谈大纲开发的基本框架

（1）开场陈述。这一步的主要作用是通过让受访者清楚地了解访谈的内容及原因，缓解受访者可能存在的紧张感或不安全感。

（2）询问开放性问题。开放式问题可以帮助受访者找出他们所担心的重要问题。获得的信息主要用来确定哪些正在发生的事情是不应该发生的，或者哪些应该发生及应该着手去做的事情却没有发生。大部分问题都可以在访谈开始之前写出来，发送给受访者，以便讨论。

（3）询问探索性问题。探索性问题可以帮助访谈者获得额外的、深层次的信息。访谈者通过询问一些探索性问题可以找出最有可能导致问题产生的根源。只有找出问题产生的根源，才能知道培训是不是恰当的解决方案。

（4）询问验证性问题。这类问题主要是为了了解当前组织中存在的问题可能造成的损失，以此来确定未来的学习方案是否恰当或值得实施。例如，为解决某个具体的问题而设计和实施一个昂贵的培训项目所花费的成本，可能远远高于培训所带来的收益。通过询问验证性问题，访谈者可以获得能够被量化的数据。这些数据可以为管理层批准未来的培训预算提供明确的理由，也可以为衡量学习项目的价值建立基准。

（5）询问结束性问题。这类问题主要用来获取更多信息，然后巧妙地结束访谈。

（6）总结访谈信息。在访谈结束之时对信息进行总结，可以确保双方都已经清晰地理解了对方所说的内容，以提高访谈的准确性。很多时候，访谈双方都认为自己理解了对方所说的话，但是在总结时发现还存在某些误解。

基于上述基本框架，表4-10针对每个步骤都列举了相应的问题示例。针对不同的需求访谈情景、受访者群体进行访谈大纲开发时，需要对相应步骤的访谈问题进行必要的替换，以适应数据收集的需要。

表 4-10 培训需求访谈大纲基本框架和访谈问题示例

访谈者：_____

受访者：_____ 部门：_____

日　期：_____ 时间：_____

电　话：_____ 邮箱：_____

1. 开场陈述
- 向受访者简要介绍自己（如果有必要的话）。
- 介绍自己进行此次访谈的资格（如果有必要的话）。
- 介绍此次访谈的目的。
- 说明选择受访者作为访谈对象的原因。
- 说明访谈的信息将作何用。
- 说明访谈内容是否保密。
- 说明访谈将持续多久。
- 说明将对访谈进行记录/录音（如果允许的话）。

把你在开场时要说的话写在下面。

2. 询问开放性问题
- 你和同事之间是如何协作与配合的？
- 有哪些事情是员工应该做却没有做的？
- 有哪些事情是员工正在做，但你认为不应该这样做的？

受访者的回答：

3. 询问探索性问题

- 你的意思是什么?
- 你能说得具体一点吗?
- 请多告诉我一些这方面的信息。
- 你能换一种说法吗?
- 什么/在何地/何时/为什么/如何发生（或没有发生）?
- 你为什么觉得这件事情会/不会发生?

受访者的回答:

_____

_____

4. 询问验证性问题

- 这件事情有什么影响?
- 这件事情在数量/质量/成本/时间方面会带来什么影响?
- 如果我们解决了这一问题，将节省多少资金?

受访者的回答:

_____

_____

5. 询问结束性问题

- 关于这件事情,你认为我和谁谈论比较合适?
- 还有什么问题是我应该问而没有问的?

受访者的回答:

_____

_____

6. 总结访谈信息
对此次访谈进行总结，并在访谈结束后立即将感想、要点等备注信息记录下来。

_____

_____

注:在实际访谈时,不一定要按照这 6 个步骤的先后顺序来进行,只需要把它们当作指南,获得所需信息即可。

## 实操建议

（1）调研方法需要根据调研目标及调研对象的特点来选择或组合使用。在保证实现调研目标的前提下，调研方法的选择遵循"少即多"原则，否则容易造成调研成本增加，甚至培训资源闲置与浪费。

（2）在实践中，应避免凭感觉、凭经验进行培训需求调研问卷的设计。建议遵循和采用本章提出的设计要点与设计原则，以提高调研问卷的效度和信度。

（3）在调研问卷正式投入使用前对其进行小范围的测试是一个非常必要的环节。一个简单有效的方式是请问卷调研对象群体中的业务专家及掌握调研问卷设计方法论的专家给予意见反馈和改善建议。

（4）开发培训需求访谈大纲时，建议在本章提出的培训需求访谈大纲开发框架指引下，结合受访者的特点及访谈情景，进行相应的访谈问题开发。培训需求访谈大纲中需要包含的问题应始终以Goldstein模型、绩效改进技术和柯氏四级评估法作为逻辑指引进行撰写。

**05**

第5章

# 收集培训需求数据

从传统思维视角和操作实践来看，培训需求调研者认为需要收集什么类型的数据、采用什么方法或工具收集数据等决策是在数据收集阶段做出的。其实不然。需要收集什么类型的数据、采用什么方法或工具收集数据、数据来源是什么、为什么要收集相关的数据等，所有这些思考和决策在培训需求调研计划制订阶段就已经完成了。培训需求调研各个流程的所有操作方式的选择及阶段性产出成果的衡量标准均源于培训需求调研计划制订阶段所确定的调研目标。换言之，调研目标决定了需要调研哪些对象群体，需要收集哪些类型的数据，需要采用什么调研方法或方法的组合（包含但不限于问卷调研法、访谈法、岗位观察法、工作坊研讨法、文档分析法）。

本章内容聚焦于如何收集培训需求数据，首先介绍如何确定数据来源，然后介绍5种常用且应用难度系数较高的培训需求数据收集方法及其操作流程，如图5-1所示。

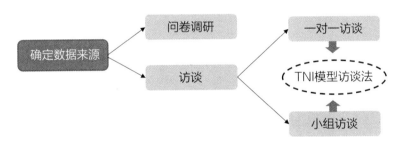

图5-1　常用培训需求数据收集方法

# 5.1
## 确定数据来源

培训需求调研结果是否精准和全面，取决于多方面的因素。根据我们多年来针对不同企业/组织成功与失败的需求调研案例的研究，数据来源把控得是否精准是其中一个起关键作用的因素。所谓需求调研的数据来源，是指谁持有或谁能够提供达成调研目标所需要的相关数据信息。失败的需求数据收集往往在调研对象的确定环节存在盲区或思维定式：第一，应该调研的对象群体未被包含在内，导致信息收集不完整、不全面；第二，纳入调研范畴的对象群体可能不是至关重要的，导致浪费需求调研时间和相关资源，同时数据采集不完整，甚至被误导。从Goldstein模型和绩效改进技术的理念出发，通常情况下需要收集的数据信息应该包含但不限于组织信息、工作任务信息、目标学习者信息、学习场景信息等。尤其是对于组织信息收集和目标学习者信息收集，需要突出和强调多维度、多层面的信息收集。

## 5.1.1 组织信息收集

### 1. 与业务需求相关的信息收集

一个真正有效的学习项目需要解决企业所面临的收入、成本或合规性（政府、行业或组织的规定）问题，这就需要收集组织中与业务需求相关的信息，可以从以下几个方面进行收集。

（1）目标。从组织战略计划中找到短期目标和长期目标，如扩大营业规模、提高利润额、做好成本控制、提高产品质量、提升客户满意度、提升企业品牌形象等。

（2）变动。找出组织中的变动领域，并确定这些变动对组织的影响，如组织是否要进行并购、是否有新的产品推出、是否要将现有产品推向新的市场等。培训或其他学习方式通常可以减少这些变动对组织产生的消极影响。

（3）外部因素。例如，政府出台了新的政策法规，市场竞争激烈，资源可用性下降，等等。

## 2. 组织现有信息的收集

收集组织中现有的信息要比收集新的信息简单，投入的成本也较低。数据来源可从以下几个方面着手，以提供准确的信息来阐述某些假设，描述某一问题的严重程度，或者为进一步的数据收集奠定基础。

（1）关于生产力的统计数据和报告。

（2）先前的调研信息或访谈信息。

（3）财务报告。

（4）采购订单和库存记录。

（5）组织数据库。

（6）员工活动和时长的日志或记录。

（7）绩效审核信息。

（8）客户满意度报告。

（9）客户的投诉或抱怨。

（10）出版物或印刷品。

（11）企业网站上的信息。

（12）先前的学习项目材料。

## 5.1.2 目标学习者信息收集

任何培训项目或学习活动均有对应的目标学习者，针对目标学习者的调研是信息收集不可或缺的组成部分。除了面向目标学习者直接做调研，还可以将调研对象的范围扩展至目标学习者的相关方，从而从多个维度倾听不同的声音。社会性特征使目标学习者个体必然处于一定的人际生态中，工作视角、关系及关注点的差异，不同调研对象所提供的信息存在客观上的差别和多元化，不同来源的信息相互补充、相互验证，能更好地帮助培训部门证实或消除假设。可面向以下调研对象做调研。

（1）项目发起人（内部或外部）。

（2）组织的高层管理者。

（3）目标学习者的主管上级或部门负责人。

（4）目标学习者的下属员工。

（5）组织内部或外部客户及合作伙伴。

（6）产品或服务的终端用户。

（7）其他调研对象（如其他同事、技术支持人员等）。

# 5.2
# 问卷调研

与访谈法、岗位观察法等调研方法相比，问卷调研法的方便程度及难度系数相对较低。为了确保调研数据的全面性、代表性，问卷调研的样本选择是一个关键点，也是一个难点。要想进行科学有效的需求调研抽样，核心关键在于3个环节的决策与执行：第一，确定调研对象；第二，确定样本大小；第三，确定抽样方法。

## 5.2.1　确定调研对象

抽样之前，首先要确定调研对象。关于如何确定调研对象，前文已有充分的阐释。问卷调研的调研对象范围及层级根据调研目标而定。调研目标将决定谁应该参与调研，谁应该被排除在外。换言之，谁能回答本次调研问卷中的相关问题，谁能提供本次调研所需要的信息，就将谁确定为调研对象。例如，某需求调研的目的是了解公司销售培训需求，那么公司销售人员、销售主管或销售经理，甚至相关的管理层将是该需求调研的调研对象。

## 5.2.2　确定样本大小

任何问卷调研的最高目标都是使调研结果具有准确性、代表性和说服力。因此，调研样本选择的一个基本原则是：只要能够调研所有调研对象（研究总体），就决不采用抽样调研。换句话说，只有在无法针对调研对象总体进行问卷发放和数据采集的情况下，才选用抽样调研。抽样调研是一种不得已而为之的数据收集策略和做法。例如，进行A公司销售培训需求调研，该公司总共有500名销售人员，如果有足够的时间、人员配备、资金预算，同时具备触达所有500名销售人员的沟通条件等，最优的选择是调研销售人员总体，即让所有500名销售人员都参与调研。覆盖调研对象总体所收集的调研数据是最全面的，调研结果也最具有说服力。但是，如果由于受条件限制而无法调研销售人员总体，则需要采用抽样方式进行调研。那么，根据调研目标确定的调研对象总体人群，样本应该多大才合适呢？很多统计学书籍中都有关于如何抽样及如何确定样本大小的相关描述，但方法逻辑和操作过程都较为复杂。关于培训需求调研样本大小的确定，建议调研者登录Creat Research Systems官方网站，输入相关参数即可快速计算出所需要的样本大小。采用该方法计算样本大小时，需要正确理解3个基本的统计学术语。

- 置信水平（Confidence Level）。置信水平是指在多大程度上确信需求调研结果是正确的。通常情况下，采用95%和99%两个置信水平。置信水平越高，表明对调研结果的准确性越有确信度。例如，调研者将某次培训需求调研的置信水平设置为95%，表明调研者希望调研结果有95%的确信度来证明培训需求调研结果真实反映了利益相关方对培训的需求和期望。由此可见，置信水平设置得越高，对调研结果的准确性要求越高，达成该准确性的难度越大，与之匹配的样本数量也越大。

- 置信区间（Confidence Interval）。置信区间是指研究结果准确性出现偏差的一个预估区间。调研者可以自定义置信区间大小，置信区间越大，对调研结果误差范围的容忍度越大；置信区间越小，对调研结果误差范围的容忍度越小。例如，通过抽样调研方式了解公司销售人员的培训需求，调研者设定的调研结果误差不能超过2.5%，即误差区间为±2.5%。这里的误差区间是由样本平均值分布的标准方差计算而来的。当置信水平设置为95%，置信区间设置为2.5时，则表明调研结果有95%的确信度是正确的，即便出现偏差，偏差范围也不超过2.5个百分点。换言之，此调研结果的准确性为92.5%~97.5%。原则上，置信区间越小越好，越小的置信区间意味着调研结果有越高的确信度，使人们相信样本的平均值非常接近研究总体的平均值，即研究结果的正确性越高。

- 研究总体（Population）。研究总体是指调研对象的整个群体。例如，针对公司销售人员进行需求调研，全公司销售人员共500人，则本次需求调研的研究总体是500人。针对本次调研，如果将置信水平设置为95%，置信区间设定为2.5，由于研究总体人数为500人，则本次调研样本大小应该是377人，即需要在500名销售人员中抽取377人参与调研。

如果调研者对样本大小的确定不要求非常高的精确度，同时希望操作方法简单方便，建议采用抽样样本大小分析表（见表5-1）进行样本大小选择。其中，**Margin of Error**是指误差幅度。例如，针对连续数据采用α值作为误差幅度，调研者设定的α值越小，表明对调研结果的精准度要求越高。通常情况下，常规默认且能接受的α值为0.05，即误差幅度为5%。同时，样本大小还与调研问卷中的问题设置有关。如果调研问卷回收的数据以分类数据（非连续数据）偏多，连续数据较少，为了确保数据分析结果的准确性和代表性，建议选取更大的样本。例如，针对某公司500人的销售队伍进行调研抽样时，如前所述最严谨的抽样样本量为377人，但如果按照表5-1中的测算方式，最多只需要286人。从理想状态来看，在资源条件允许的情况下，样本越大，越能保证调研结果的广泛性和代表性。如果资源条件不允许，当研究总体为500人时，抽样样本以不低于218人较为适宜。从调研目标达成及实践操作角度考虑，当研究总体大于1万人甚至更多时，抽样样本应不低于500人，这样调研结果的准确性和代表性才有保障。

表 5-1　抽样样本大小分析表

| 研究总体 / 人数 | 样本大小 | | | | | |
|---|---|---|---|---|---|---|
| | 连续数据　（Margin of Error=0.05） | | | 分类数据　（Margin of Error=0.05） | | |
| | $\alpha$=0.10 $t$=1.65 | $\alpha$=0.05 $t$=1.96 | $\alpha$=0.01 $t$=2.58 | $p$=0.50 $t$=1.65 | $p$=0.50 $t$=1.96 | $p$=0.50 $t$=2.58 |
| 100 | 46 | 55 | 68 | 74 | 80 | 87 |
| 200 | 59 | 75 | 102 | 116 | 132 | 154 |
| 300 | 65 | 85 | 123 | 143 | 169 | 207 |
| 400 | 69 | 92 | 137 | 162 | 196 | 250 |
| 500 | 72 | 96 | 147 | 176 | 218 | 286 |
| 600 | 73 | 100 | 155 | 187 | 235 | 316 |
| 700 | 75 | 102 | 161 | 196 | 249 | 341 |

续表

| 研究总体 / 人数 | 样本大小 | | | | | |
|---|---|---|---|---|---|---|
| | 连续数据 （Margin of Error=0.05） | | | 分类数据 （Margin of Error=0.05） | | |
| | $\alpha$=0.10 $t$=1.65 | $\alpha$=0.05 $t$=1.96 | $\alpha$=0.01 $t$=2.58 | $p$=0.50 $t$=1.65 | $p$=0.50 $t$=1.96 | $p$=0.50 $t$=2.58 |
| 800 | 76 | 104 | 166 | 203 | 260 | 363 |
| 900 | 76 | 105 | 170 | 209 | 270 | 382 |
| 1 000 | 77 | 106 | 173 | 213 | 278 | 399 |
| 1 500 | 79 | 110 | 183 | 230 | 306 | 461 |
| 2 000 | 83 | 112 | 189 | 239 | 323 | 499 |
| 4 000 | 83 | 119 | 198 | 254 | 351 | 570 |
| 6 000 | 83 | 119 | 209 | 259 | 362 | 598 |
| 8 000 | 83 | 119 | 209 | 262 | 367 | 613 |
| 10 000 | 83 | 119 | 209 | 264 | 370 | 623 |

注：$p$ 指事件发生的概率；$t$ 指根据小样本来估计呈正态分布且方差未知的总体的均值。

资料来源：Bartlett, Kotrlik, & Higgins, 2001。

除了选择确定样本大小的方法，还需要考虑如下影响因素。

- 时间资源。调研者需要考虑总共有多少时间可以用于问卷调研数据收集，即需要以多快的速度收集数据。显然，样本越大，越需要时间进行调研跟进和数据收集。

- 成本。通常情况下，样本越大，需要越多的人员跟进和支持问卷调研活动，人工成本较高。与此同时，需要越多的人参与问卷填写，则问卷填写者耗费的累计时间越多，折算成企业的人工成本也相对越高。因此，调研者需要平衡调研目标的需要及直接成本与间接成本之间的关系。

- 研究总体的大小。从表5-1所示的研究总体与样本大小之间的关系可以看出，研究总体越多，需要样本的越大。当研究总体较小时，建议做到调研全覆盖，避免调研结果缺乏代表性。当研究总体较大或无法全覆盖时，考虑进行抽样调研。

- 目标人群的差异性。目标人群的差异性包括学历、工作经验、地域情况、经济发展情况等多个维度的差异性。针对目标人群在某个维度或多个维度上的差异性比较，综合考虑样本大小。例如，高中毕业一线工人的主管和研究生毕业的总部主管很可能有不同的培训需求。北京、上海、深圳等一线城市的大客户销售人员与经济欠发达地区的销售人员的能力现状和培训诉求也有较大的差异性。通常情况下，目标人群的差异性越大，需要越多的样本进行调研；反之亦然。

- 研究结果的准确度要求。利益相关方对研究结果准确度的要求会直接影响样本大小。当利益相关方要求调研结果具有很强的说服力和可信度时，则需要设定较高的置信水平和较小的置信区间，从而需要较大的调研样本。

## 5.2.3　确定抽样方法

总体而言，抽样方法分为随机抽样和非随机抽样（方便样本）两大类别。针对培训需求调研，常用的随机抽样方法包含但不限于简单随机抽样、分层随机抽样、简单随机整群抽样、系统抽样。各种抽样方法的优缺点比较如表5-2所示，调研者需要根据调研目标确定最适合的抽样方法。

表 5-2　各种抽样方法的优缺点比较

| 抽样方法 | | 示例 | 优点 | 缺点 |
| --- | --- | --- | --- | --- |
| 随机抽样 | 简单随机抽样 | 借助随机抽样表或软件，从500人中随机抽取100人 | • 在所有随机抽样方法中操作最简单<br>• 有抽样表作为辅助工具 | • 不能把调研对象进行分层（分成子群体） |

| 抽样方法 | | 示例 | 优点 | 缺点 |
|---|---|---|---|---|
| 随机抽样 | 分层随机抽样 | • 把500人按性别和年龄分成4个子群体，再从每个子群体中随机抽取一定的人数 | • 更准确<br>• 样本可以代表各个子群体的特征 | • 抽样程序更复杂<br>• 需要更大的样本量（20~30人/子样本） |
| | 简单随机整群抽样 | • 从全国25个营业网点中随机抽取5个营业网点，以这5个营业网点的销售人员为对象进行调研 | • 适用于针对个人进行随机抽样不方便或带来管理操作难度的情况<br>• 简化了调研管理 | • 需要缜密的统计分析技能 |
| | 系统抽样 | • 从500人中按每5个人抽取1人的方法，总共抽取100人参加调研 | • 抽样简单 | • 样本可能没有代表性 |
| 非随机抽样（方便样本） | | • 员工食堂发放问卷，调研员工工作满意度<br>• 选择一些公司总裁参加关于领导力培养方面的行业调研，请参与调研的总裁推荐其他公司总裁参与调研 | • 样本获取方便、简单 | • 样本可能没有代表性<br>• 调研结果的说服力容易受到质疑 |

## 1. 简单随机抽样

简单随机抽样也叫纯随机抽样，目的是让所有符合条件，有资格参与调研的人都有同等的概率被选中参与调研。例如，A公司培训部需要对全公司500名销售人员开展问卷调研，收集他们对培训的需求和期望。所有500名销售人员都应该有资格参与这次调研，但是考虑到时间压力大、培训部人员配备不足等原因，只能调研其中的100人。为了保证抽样的随机性、公正性，采用Excel随机抽样表（随机数表），抽样步骤如下。

- 把这500人的名字不分先后顺序地随意放在一起。

- 给每个名字分配一个数字，数值范围为001~500。

- 采用Excel随机抽样表选出前100人。具体操作方法为：从表中左上角第一个数字开始，由于500是三位数，因此以表中的每个数字的前三位数为准，逐行向下寻找前三位数小于等于500的数字，直至找到第100个数字。

### 2.分层随机抽样

首先将研究总体分成几个子群体，然后按照简单随机抽样的步骤进行抽样。例如，A公司培训部需要对全公司500名销售人员开展问卷调研，收集他们对培训的需求和期望。样本大小为100人，从过往的培训需求反馈结果来看，销售人员群体中不同性别和年龄的人员对培训的需求不太一样。因此，首先把这500人按性别和年龄分成4组，人数分布如表5-3所示。然后按照简单随机抽样的步骤，从4组中分别随机抽取25人参与问卷调研。

表 5-3　分层抽样人数分布示例

单位：人

| 组别 | 男性 | 女性 |
| --- | --- | --- |
| 小于或等于 28 岁 | 100（25） | 145（25） |
| 大于 28 岁 | 120（25） | 135（25） |

### 3.简单随机整群抽样

A公司在全国各地有25个营业网点，每个营业网点的销售人员总数是

20~25人。A公司培训部最近开发了一门名为"客户销售"的培训课程，需要让一部分网点的销售人员上完培训课程后给予反馈，从而改进课程。但根据年度培训预算和培训部讲师人数，本年度只能安排5个营业网点的销售人员参加培训，其余网点的销售人员延后到下一年度参加培训。但是，销售人员的参训热情很高，没有任何一个营业网点的销售人员愿意等到下一年度参加培训。为了公平起见，培训部决定采用简单随机整群抽样的方法，抽出5个营业网点，让这5个营业网点的销售人员参加本年度培训。以营业网点为单位，采用简单随机抽样的步骤进行抽样。

简单随机整群抽样的问题在于以群体为抽样单位。本例中有25个营业网点，培训部以这25个群体为单位进行抽样。对课程的反馈信息仅来自被抽选的5个群体中的100~125人，数据分析是以这100多人为单位进行的。然而，这些来自同一营业网点的销售人员可能具有类似的特征或工作方式，如何保证他们反馈的信息能够代表其他20个未参加培训和培训反馈的营业网点的销售人员呢？

尽管简单随机整群抽样的分析结果在准确性和代表性上可能存在一定的偏差，但由于在企业中以网点、部门、区域、业务类别等为单位进行培训既能节省成本，也能实现业务单元下的学习同步性，因此具有一定的实践操作必要性。这种抽样方法需要基于具体的需求场景进行综合判断和选择。

### 4. 系统抽样

系统抽样是指设定间隔数，按照间隔数进行抽样。例如，A公司培训部需要从500名销售人员中抽取100名参与调研。如果采用系统抽样法进行抽样，间隔数设置为5，即从第一个样本所在的数字往后推算，每间隔5个人（含被选中的样本个体）进行下一个样本的抽取。在500名销售人员中抽取第一个样本时，可以先从1~10中随机抽一个数字。假如抽中的数字是3，那么在这500名销售人员中，第3个人是抽取到的第一个样本，然后从第3开始往后数，每数到第5个人的时候抽取一个，被抽取的人就是第3个、第8个、第13个、第18个，以此类推。

系统抽样的问题在于所选取的样本可能不具有代表性。例如，这种方法选出的人可能正巧男性多，或者都是经验不丰富的销售人员，或者都是学历高的销售人员，或者都是绩效优秀的销售人员，或者大部分是销售业绩较差的人员，等等。因此，建议针对所抽取的样本进行进一步审核，以判断其代表性。

### 5. 方便样本

方便样本是指参与调研的人是具有较高意愿度且具备方便的参与方式的人群。其对应的抽样方法为方便抽样。例如，某公司人力资源部计划针对员工工作满意度做一次问卷调研，选择在中午员工食堂门口发放问卷进行调研。采用方便样本收集的数据可能会因为下述原因出现一些数据代表性偏差和真实性偏差。

- 愿意填写问卷的员工可能比那些不愿意填写问卷的员工更关心工作满意度。

- 填写问卷的员工可能对工作有不满，正好想找个机会抱怨一下。

- 填写问卷的员工可能对工作非常满意，想借机表达一下自己的愉快和满足感。

- 有些员工想参与问卷填写，但可能当时着急吃午饭，随后又有别的事情要忙。

在现实工作中，尤其是在企业中，随机抽样往往很难实施，反倒是方便抽样更容易操作。为了使调研结果更具有说服力，需要采取一些措施确保收集的数据具有代表性和说服力。例如，针对上述工作满意度调研，可以考虑以下几点。

- 找一些不愿意填写问卷的员工，了解一下他们对工作满意度这件事情的看法和态度。如果他们的态度与填写问卷的人没有任何不同（统计学上的显著性问题），则方便样本的研究结果具有说服力。

- 询问填写问卷的员工是否对自己的工作满意，是否有抱怨或极其满意。

- 询问那些不愿意参与调研的员工不参加的原因，是没兴趣、没时间还是别的原因。

- 把参与调研的员工和没参与调研的员工从年龄、性别等方面进行比较，分析两个群体之间是否有所不同。如果没有，则方便样本的研究结果具有说服力。

# 5.3
# 一对一访谈

从访谈形式来看，通常情况下可将访谈分为两种形式：一对一访谈和小组访谈。这两种访谈形式各有优缺点。从访谈数据收集的精准度和充分程度来看，原则上能够采用一对一访谈的，不采用小组访谈。当访谈时间资源不充分及受成本管控等因素限制时，则可以适当地采用小组访谈进行需求数据采集。

一对一访谈是指访谈者通过与单个受访者进行谈话交流收集信息。通常可以与提出培训请求的人、潜在学员的主管上级、潜在学员本人或学员代表、潜在学员的同事、潜在学员的下属、客户、业务专家等进行面对面交流、在线交流或电话交流。

一对一访谈

## 5.3.1　一对一访谈的优点和缺点

与小组访谈相比，一对一访谈具有独特的优点及相应的缺点。

### 1. 一对一访谈的优点

（1）易于营造一种安全的谈话氛围。通常情况下，一对一访谈的现场参与者仅有访谈者与受访者，只有极少数情况下需要访谈记录人员列席，负责记录访谈信息。由于参与人数较少，访谈环境相对安静和私密。一方面，受访者不易受环境干扰，易于集中注意力，聚焦谈话内容；另一方面，小组访谈可能会因为参与人员众多、繁杂而造成群体压力，从而导致大家不愿意讲真话，也不愿意提供完整、充分的信息，一对一访谈可以避免这种情况。针对重要程度高、地位级别高、岗位/角色敏感性强的受访者，采用一对一访谈更适宜。

（2）易于获取深度有效的信息。在一对一访谈过程中，访谈者与受访者有充分的时间就某个或某些关键重要的话题进行深入全面的交流。在一对一访谈环境下，访谈者有充足的机会对谈话进行有效的促动和引导。例如，通过提出开放式问题、探索性问题、验证性问题等，降低受访者回答问题与交流的难度，促动受访者提供充分有效的信息。

（3）易于建立友好的关系并达成共识。培训需求访谈的过程不仅是需求数据收集的过程，也是访谈者及访谈者所代表的培训方与关键利益相关方建立良好的业务合作伙伴关系、就培训期望和培训如何落实达成共识的绝佳机会及场合。在各类型企业或组织中，培训方之所以认为业务方和核心管理层不重视培训、培训工作很难推动，其中一个根本原因在于培训方在培训需求分析阶段没有抓住与关键利益相关方充分有效交流培训期望并达成共识的机会。

（4）易于对数据信息进行识别和验证。在一对一访谈中，访谈者可以通过受访者的表情、声音、语速、肢体动作的变化获得额外信息。这些额外信息有助于访谈者对已经获取的信息进行识别，以验证其真实程度和充分程度。例如，如果受访者表情拘谨、语速过快、措辞谨小慎微，则表明受访者不愿意充分表达或不敢真实地表达。针对这种情况，访谈者需要采取措施缓解受访者的紧张情绪和不安全感。

### 2. 一对一访谈的缺点

（1）耗费时间。与小组访谈相比，一对一访谈耗费的时间更多，甚至数倍于小组访谈的时间。因此，培训需求数据收集项目小组需要计划好数据收集周期，并确保有充分的时间和访谈人员开展一对一访谈。

（2）访谈者需要具备专业的一对一访谈技巧。小组访谈与一对一访谈相比，不见得哪种访谈所需要的专业技巧更高，只是各有侧重。但是，为了确保通过一对一访谈收集到有高度、有宽度、有深度的培训需求数据，访谈者需要具备专业的一对一访谈技巧，尤其是一对一访谈过程中的促动方法和技术。

## 5.3.2　一对一访谈的流程

为了确保在有限的时间内尽可能收集更多、更有价值的真实信息，需求调研方需要做充分的准备，尤其需要规划并安排好访谈执行流程及每个流程需要达到的操作标准。访谈流程的规划和操作标准的确定，不仅能够确保单次访谈的数据质量，还能够提供一套操作指南来快速培训一批访谈人员进行一系列的同时间平行访谈，缩短访谈数据收集的时间周期并确保访谈方式和质量的稳定性与可靠性。

通常情况下，一对一访谈和小组访谈的流程都包含如图5-2所示的6步，即访谈准备、开场陈述、提问与记录、验证与确认、访谈结束、跟进与反馈。

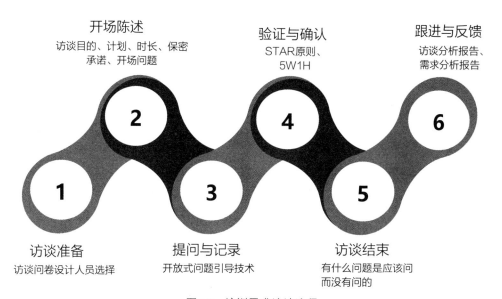

图5-2　培训需求访谈流程

### 1. 访谈准备

关于访谈大纲的设计，前文已有详细介绍。在访谈准备这一步，受访者的筛选和邀约是一个直接影响访谈数据收集成功与否的重要因素。受访者的筛选需要重点考虑两个方面：应该访谈谁和访谈多少人。关于访谈谁，根据Goldstein模型，需要关注组织层面、工作层面和人员层面的关键利益相关方。例如，A公司需要针对500名销售人员进行培训需求访谈。受访者应该包含业绩优秀的销售人员代表、业绩较差的销售人员代表、业绩一般的销售人员代表、销售人员主管上级、公司销售高管，甚至渠道代理商等。传统的受访者选择局限于销售人员代表和销售主管，往往容易遗漏组织层面的销售高管及内外部业务价值链上的利益相关方。关于访谈多少人，取决于访谈时间的充裕程度和访谈人员数量的配置。如果资源配备充分，访谈人数越多越有助于收集丰富的数据。从定性研究数据收集的理论来看，选择访谈人数的原则是：如果访谈第$N+1$个人收集的数据与访谈前$N$个人收集的数据差异不大，则说明访谈数据已经达到了充分饱和状态，即$N$就是本次访谈人数的上限。例如，访谈到第26人所收集的数据信息与访谈前25人收集的信息差异不大，则意味着访谈到第25人时就收集了充分饱和的数据，不需要继续访谈了。如果资源配置极其有限，建议至少确保在组织层面、工作层面和人员层面分别选取一定数量有代表性的受访者进行访谈。

### 2. 开场陈述

访谈开场陈述不等同于访谈开始时的寒暄。从严格意义来讲，寒暄不是访谈的开场，仅作为访谈开始前的预热或氛围营造。访谈开场恰当与否将决定访谈能否顺畅地开展及访谈数据质量的高低。开场陈述通常控制在1分钟左右，需要根据不同的场景陈述如下几个关键信息：访谈目的、计划、时长、保密承诺。如果缺失或弱化了该步骤，直接进入访谈问题交流步骤，可能会造成3个问题：第一，受访者不清楚访谈目的及其所提供的信息将作何用途，从而产生不安全感，最终以明哲保身的心态参与访谈；第二，如果受访者不清楚访谈的目的，就无法建立参与访谈的价值认同感，从而容易把访谈视为"走过场"；第三，一个草率的访谈开场，容易给受访者带来一种"失控"的压力感，受访者会疑惑自己在整个访谈过程中应该做什么、如何做、做到什么程度才是合适的。

### 3. 提问与记录

提问与记录这一步穿插整个访谈过程，不是只存在某个时间段。在提问过程中，尽可能采用开放式问题展开话题，尤其是在访谈刚开始的时候，尽量避免提出封闭式问题（确认相关信息的除外）。关于访谈记录，根据访谈者的计划与偏好，同时结合访谈环境决定记录的方式。常用的访谈记录方式有录音、手写、计算机/Pad等文字输入。如果需要对访谈过程进行录音，从合理合规的角度来讲，应该在录音前征得受访者的同意。

### 4. 验证与确认

在访谈过程中，对相关信息需要加以验证与确认，常用的方法是采用STAR原则或5W1H提问方式进行深入的信息探寻和交流。STAR原则侧重针对某个事件或问题，从其产生背景、任务及目标、采取的行动举措、产生的结果4个维度进行深入剖析。5W1H提问方式是指从一个事情发生的多个维度进行了解：为什么（Why）、是什么（What）、在哪儿（Where）、谁（Who）、什么时候（When）、如何做（How）。

### 5. 访谈结束

在访谈接近尾声时，访谈者需要对整个访谈进行总结，将访谈中涉及的关键问题、重点强调的需求、建设性建议等信息进行概括总结。访谈的总结陈述既是对访谈过程的收尾，也是与受访者再一次做信息的验证和确认。在总结陈述之后，建议访谈者例行追问一个问题：有什么问题是我应该问而没有问的？这个问题适用于任何培训需求访谈或非培训需求访谈。

### 6. 跟进与反馈

这是一个重要但经常被忽略的步骤。当访谈结束后，甚至已经进入数据分析阶段了，如果访谈者意识到访谈数据收集有缺失，可以针对受访者进行一次补充访谈。此外，受访者往往比较关注访谈结果及需求分析报告。为了鼓励受访者更有信心和意愿参与后续其他类型的访谈活动，建议访谈者告知受访者访谈结果与需求分析报告编制和发布的大致计划，以及需求分析报告相关信息的分享计划，同时向受访者表达感谢。

## 5.3.3 一对一访谈的技巧

为了确保在有限的访谈时间内尽可能收集更多有价值的真实信息，访谈者需要做充分的准备工作。此外，访谈者还需要掌握一些必要的访谈技巧。下述访谈技巧既适用于一对一访谈，也适用于小组访谈。

### 1. 把握好将访谈大纲提供给受访者的时机

选定受访者之后，向受访者发送正式的访谈邀请函，说明访谈目的、访谈时间、访谈时长、访谈主题及内容方向等。常规情况下，将访谈大纲作为邀请函的附带文件一并发送给受访者。如果受访者未强调在访谈前务必看到访谈大纲，就不必在访谈前将访谈大纲提供给受访者。将访谈大纲提前提供给受访者，利弊兼有。利处在于，受访者可以根据访谈大纲提前熟悉访谈问题，提前做一些思想准备。弊端在于，某些敏感的、尖锐的、不易回答的问题容易给受访者造成压力，导致其不自信，甚至拒绝参与访谈；或者受访者会做负面的内容准备，在访谈过程中就相关问题避重就轻，提供虚假的信息以迎合访谈者。针对关键重要的或敏感的话题，在访谈现场有访谈者专业促动引导的情况下，受访者更容易提供充分、真实的信息。

### 2. 阐述访谈目的

在访谈开始时，简单地阐述访谈的目的，并给予受访者提问的机会。

### 3. 善于停顿

当受访者停止说话时，访谈者不要立刻说话。适当的沉默可以鼓励受访者说出一些他们原本不想说出的信息。

### 4. 避免问引导性问题

例如，"难道你不同意大多数客户的抱怨都是合理的吗""你不认为团队负责人需要一些培训吗"这类问题可能会诱导受访者给出访谈者希望听到的答案，引导他们回答问题的方向，或者限定随后的谈话范围，这样受访者的回答可能就无法反映其真实的想法，导致数据信息失真，从而影响需求分析的有效性。

### 5. 做好信息保密措施

为了让受访者诚恳地回答问题，访谈者要向受访者保证对访谈中所涉及的敏感信息保密，并且不公开受访者的姓名。

### 6. 尊重受访者的时间价值

尽管在访谈开始时花一两分钟的时间寒暄是有帮助的，但是要尽量避免与访谈主题无关的谈话。

### 7. 避免教育、说服访谈者

在访谈过程中，访谈者自始至终需要牢记：访谈的目的是获取信息。如果访谈者试图教育、说服受访者，或者怀有其他目的，就不可能获得所期望的信息。

## 案例5-1：天潭国际培训需求一对一访谈 🔍

　　除面向中基层管理者及部分员工开展问卷调研外，针对不同业务板块的主要负责人进行面对面访谈，对项目小组而言也是不可或缺的环节。特别是天潭国际通信事业部的研发中心，一线主管多，员工数量也多，研发中心黄经理被选为关键的受访者之一。

　　研发中心之前提出了对主管的管理能力进行训练的需求，尽管公司有一些现成的管理类课程，但具体该如何选配内容及设计方案，培训中心还没有向研发中心进行深入调研。赵总希望借这次机会多听听业务部门的意见，安排经验丰富的章主管作为主访人，并嘱咐他做好记录。访谈记录如表8-4所示。

表8-4　访谈记录

| 关键提示 | 访谈内容实录 |
| --- | --- |
| 开场陈述（访谈目的、原因、意义、计划、保密、时长） | 访谈者：黄经理您好，感谢您的支持。这次访谈的目的是了解您对研发部门主管领导力培训的意见和看法，您的部门主管人数多，了解有效的信息能帮助我们更有针对性地制订培训计划。今天的访谈内容是保密的，仅用于本次项目需求分析。本次访谈大约持续45分钟，如果您不介意，我会对访谈内容进行记录。<br>受访者：你还会访谈其他几个部门？<br>访谈者：我们还预约了其他6个部门经理的访谈。<br>受访者：好的。 |
| 背景性问题 | 访谈者：您能告诉我有多少主管直接向您汇报吗？<br>受访者：有10名主管直接向我汇报。我们有大约12个项目负责人，他们向这些主管汇报。 |
| 开放式问题 | 访谈者：好的，这次访谈主要了解主管需求情况。在你们部门，关于主管与员工之间的互动，有什么值得您关注的方面吗？<br>（注意，这里的表达是"有什么值得您关注的方面"，而不是"有什么问题"。人们往往更愿意表达自己关切的事情，而不是确认"有什么问题"。）<br>受访者：我最关心的是主管如何管理他们的时间。 |

| 关键提示 | 访谈内容实录 |
|---|---|
| 探索性问题 | 访谈者：您能告诉我更多的信息吗？<br><br>受访者：好的。他们似乎总是能够完成日常任务，但没有花足够的时间做重要的事情，如对员工业绩的考核，或者坐下来和员工，特别是他们的项目负责人，探讨发展目标。<br><br>访谈者：明白了，您能否给我一个具体的例子？<br><br>受访者：当然。就说张三吧，他不断延迟提交对他的员工的评价，总是到最后一分钟才做这些事情，很显然这是匆忙和草率的评估。 |
| 探索性问题（追问） | 访谈者：那么，您认为这种情况发生的原因是什么？<br><br>受访者：坦白地说，我不认为他们知道该怎么做绩效考核。同时，因为他们觉得做这件事情会让大家不舒服，所以对这件事情能拖就拖。<br><br>访谈者：您认为他们是因为不知道如何进行评估，所以总是迟迟不做并最终低质量地完成。为什么他们不知道该怎么做呢？<br><br>受访者：嗯，我想对我来说，如何教他们是一件困难的事。你知道，这是为数不多的需要私下处理的事情。通常他们不让我观察他们如何做绩效评估，因为这样可能对员工不公平。因此，我通常得不到真正的机会针对他们的表现提供直接的反馈。另外，尽管我感觉我对主管的评估做得很好，但是我不确定我所做的是否好到能够教其他人如何做绩效评估。 |
| 小结＋探索性问题 | 访谈者：好的，看来，您觉得您的部门主管需要加强的技能之一是绩效考核。但是，您也提到了制定发展目标，能否告诉我有关这方面更多的信息呢？<br><br>受访者：他们并不与员工一同设定发展目标。但在这种情况下，不知道如何做并不是一个问题。他们知道如何做，但他们就是不这样做。 |
| 探索性问题 | 访谈者：为什么会发生这样的情况？<br><br>受访者：主要是因为他们没有时间，要实现这一目标需要花时间来执行和监督，而他们没有足够的时间去执行和监督。<br><br>访谈者：所以您认为造成这些主管不愿意设定发展目标的主要原因是，他们没有足够的时间去设定发展目标及跟进与实现这些发展目标。<br><br>受访者：没错。<br><br>访谈者：如果要求这些主管只写几个目标和计划，您有什么想法？<br><br>受访者：我想应该可行，只是之前制定的目标没有去做或实现，再次制定可能有困难。 |

| 关键提示 | 访谈内容实录 |
|---|---|
| 验证性问题 | 访谈者：如果没有制定目标，您认为会有什么样的结果？<br><br>受访者：嗯……不得不说，我们可能花费了比我们应该花费的更多的时间来应对危机。你知道，如果有人花时间去设定目标，制订计划去解决问题，然后采取行动以确保问题不再发生，一些正在发生的问题可能就不再是问题了。当然，因为它们显得并不紧急，所以一些真正重要的事情被推迟了。你知道，当我们遇到紧急的事情时，总是推迟做重要的事情，以便处理更紧急的事情。从某种意义上说，重要的事情似乎并不紧急，因为它们总是被拖到明天或下星期做。然而，事实上这些重要的事情一直没有做。我认为设立目标将有助于确保我们完成重要的事情，因为这将让这些事情显得更加紧急。 |
| 开放式问题 | 访谈者：好的。现在谈谈绩效考核。是什么影响了绩效考核的完成？绩效考核的完成对组织的利润率有何影响？<br><br>受访者：请允许我想一下。在我看来，绩效评估是不准确的。正如你所知道的，他们快速、马虎地填写评估表，而不是进行真正有效的评估。最终这些评估表表明大家都做得很好。事实上，他们没有做得很好。我想我们在给自己制造麻烦，尤其是当我们需要解雇那些业绩很差但又"很好"的评估结果的员工时，这对管理者和企业来说是一件让人头疼的事情。在这种情况下，我们将浪费大笔资金。所以，我们应当为预防这种情况的发生做一些事情。我不认为大多数经理意识到了我们所承担的风险。 |
| 确认与探索 | 访谈者：所以您非常关心目前的绩效考核质量，并且看到了一个可能发生的并会给我们带来重大损失的问题。此外，您认为一线主管没有制定目标是因为第一次制定目标之后没有完成，再次制定就会有困难。我的理解正确吗？<br><br>受访者：是这样的。 |
| 结束性问题 | 访谈者：好的。最后，您认为有什么问题是我应该问而没有问的？<br>受访者：也许你会问我的老板会对我开展什么样的绩效考核。<br>访谈者：非常好的问题，您能具体说说吗？<br>受访者：只在我们之间说说？ |
| 保密承诺 | 访谈者：当然。今天的访谈内容是保密的，最终的报告不会提到任何人的名字。我不会向任何人提及您评论别人的信息，包括我的老板。<br><br>受访者：很好。我的老板不做绩效考核。他填写评估表，然后打电话给我，让我到他的办公室在评估表上签字。这是一个笑话！我知道他对其他经理也这么做。他是一个好人，是我见过的最好的老板。但奇怪的是，他关注为什么主管不做有质量的绩效评估，但他自己又不做。 |

| 关键提示 | 访谈内容实录 |
| --- | --- |
| 探索性问题 | 访谈者：您认为为什么会发生这种情况？<br>受访者：你的意思是，为什么他关注一线主管不做有质量的绩效评估？ |
| 暗示性问题 | 访谈者：这只是一部分。我也想知道为什么他自己不这样做绩效考核？<br>受访者：我问过他一次，他说，我们非常了解彼此，所以不需要进行正式的评估。但是我认为他错了。我希望他能够花更多的时间对我进行评估，我们可以关起门坐下来，对我的绩效和如何改进进行有意义的讨论。 |
| 确认 | 访谈者：非常感谢您与我分享您的看法，您已经给了我一些很好的思路，即您觉得您的部门非常确定需要做一些绩效考核方面的培训，并可能在重新设定目标的过程中遇到一些问题。我的理解正确吗？<br>受访者：正确。<br>访谈者：再次感谢您的参与。如果您再想起什么，并认为有助于我们更加全面地了解您的培训期望和要求，请给我打电话。 |

# 5.4
# 小组访谈

小组访谈是指培训需求调研方在潜在调研对象中挑选一组与调研主题相关的员工或管理者代表进行讨论，通过与受访者的交流进行数据收集，得出一定的培训需求结论。通常情况下，小组访谈不是培训需求数据收集的首选方法。但是，在下列3种情况下，采用小组访谈是恰当的。

- 受访者背景相似。针对背景相似且重要程度没有达到一对一访谈条件的受访者群体，建议采用小组访谈方式进行培训需求数据收集。背景的划分维度包含但不限于岗位职能角色（如销售、研发、客服、财务等）、职位层级（如基层管理者、中层管理者、高层管理者等）、所在区域（如华东地区、华北地区、华南地区、西北地区等）。

- 时间压力大。当访谈数据收集的时间周期短、时间压力大，导致无法开展数量较多的一对一访谈时，建议采用小组访谈覆盖相关的受访者群体。

- 专业访谈人员数量不足。当具备专业访谈技巧的人员数量不足，无法在同一时间周期内针对受访者群体分别进行一对一访谈时，建议采用小组访谈。

## 5.4.1　小组访谈应遵循的原则

大多数访谈小组由5~12人组成，小组成员就某个特定的方向或话题表达看法、观点和意见。为确保效果，需要一位经验丰富的访谈者担任访谈主持人（访谈引导师）。杰罗·施瓦茨（Roger Schwarz）建议访谈主持人在引导小组访谈的过程中遵循如图5-3所示的3个基本原则。

| **1** | 以一种开放的心态接受反馈信息 |
| **2** | 避免对访谈小组给出的反馈信息做出任何判断 |
| **3** | 鼓励和营造开放、相互尊重的氛围 |

图5-3　访谈基本原则

在小组访谈过程中，既要求访谈主持人具备较好的引导力和掌控感，也要求受访者积极参与和配合。在选择小组访谈的参与者时，不适用随机抽样法，相反，要有目的地选择，在保证达成访谈目标的前提下，可以采用不同的方式和标准进行选择与组合，示例如下。

- 针对同一类别且同一层级水平的人员进行访谈。例如，对绩优销售人员进行小组访谈，受访者均为销售人员且均为业绩优秀者。

- 针对同一类别但不同层级水平的人员进行访谈。例如，从绩优销售人员、绩效一般的销售人员、绩效较差的销售人员中各选取一定数量的代表进行小组访谈。

- 针对不同类别但同一层级水平的人员进行访谈。例如，选取来自不同部门、不同地区的中层管理者代表进行小组访谈。

在小组访谈过程中，访谈者可以根据访谈目的审慎决定是否需要管理层参与。管理层参与小组访谈的益处在于，管理层可以从不同的视角和更高的层面分析、看待问题，提供更全面的信息。管理层参与小组访谈的弊端在于可能会影响受访者的观点表达，不利于营造能让受访者充分、客观地表达各自观点和看法的访谈氛围。

## 5.4.2 小组访谈的流程

与一对一访谈相比，小组访谈参与者人数较多且受访者之间存在一定的差异性，为方便所有参与者从一开始就清楚整个访谈的环节与要求，消除不确定感，同时有助于访谈主持人掌控谈话氛围与节奏，通常情况下，小组访谈的流程按照以下3个阶段来设计。

### 1. 准备阶段

访谈主持人必须确定好会议目的，设定访谈目标，准备议程，选择参与者，还要安排和确定小组访谈的时间，准备和测试访谈问题，并且整合相关资源。

### 2. 实施阶段

访谈主持人必须做好以下几项工作。

（1）自我介绍（介绍自己作为小组访谈主持人的资格及经验）。

（2）介绍议程及会议目标。

（3）确定自己和受访者的角色。

（4）明确参与的基本规则。

（5）在白板或翻纸板上记录小组成员给予的反馈信息（也可以由专门的会议记录员来做这项工作，参考表5-5）。

（6）主持并引导讨论。

（7）鼓励受访者积极参与。

表 5-5　小组讨论记录列表

| 讨论时间： | | 讨论地点： | |
|---|---|---|---|
| 讨论形式： | | 主持人： | |
| 小组成员： | | | |
| 讨论主题： | | | |
| **讨论项目** | | **讨论内容** | **达成的结论** |
| 问题 1： | | | |
| 问题 2： | | | |
| 问题 3： | | | |
| 问题 4： | | | |
| 问题 5： | | | |
| 备注： | | | |
| 记录人： | | | 日期： |

## 3. 汇报阶段

对讨论的结果进行总结并准备一份总结报告。

## 5.4.3　小组访谈的技巧

小组访谈的技巧是使用ORID焦点讨论法。该方法是指由访谈主持人引导，通过结构化的问题促动受访者提问、讨论、群策群力并形成共识。在需求调研环节，采用ORID焦点讨论法的逻辑和框架，按照以下4个沟通模块推进访谈全流程，更容易聚焦要点，促进受访者贡献不同的观点，让各利益相关方的需求和期望得到充分呈现。

### 1. 客观性问题研讨

客观性问题研讨（Objective，O）强调客观性，重点发掘客观事实、资料、信息，集中受访者的注意力，从感官维度得到受访者看到的、听到的、感受到的客观信息。

### 2. 反映性问题研讨

反映性问题研讨（Relective，R）强调反映性，重点引导受访者的情绪、反应，协助他们说出对某些事情不易表达的感受，如生气、兴奋、诧异、恐惧等，以及对过去经验的联想，以形成观点。

### 3. 诠释性问题研讨

诠释性问题研讨（Interpretive，I）强调诠释性，通过采用诠释性问题，促使受访者思考某件事情的意义、启发、暗示等，促进大家对讨论内容做更深、更广的了解与探讨。

### 4. 决定性问题研讨

决定性问题研讨（Decisional，D）强调决定、决策和承诺，该沟通模块旨在促进受访者共识行动方案，讨论下一步的方案举措和行动建议。

在需求调研过程中，采用ORID焦点讨论法，可以帮助访谈双方避免生硬的或缺少逻辑的问答与沟通。针对某件事情，采用ORID焦点讨论法循序渐进地推进，可以询问："在某件事情上，您印象最深刻的一幕是什么（O）？您的第一感觉是什么（R）？对这件事您是怎么想的（I）？能不能把这个经验用在未来的工作中（D）？"

缺少以上4个沟通模块中的任何一个，都会直接影响小组访谈的效果。

- 缺失O：对于没有客观事实支撑的想法与说法，无法判断其是否为真实需求。

- 缺失R：讨论过程中如果缺少对受访者感受的关注与引导，对方往往不容易说出自己的真实想法。

- 缺失I：如果没有经过思考和分析，受访者的表达容易跟着感觉走，缺少深层数据信息。

- 缺失D：所有的会谈、表达、提问都是为了制订后续的行动和计划。没有形成可行的共识，就无法判断真实、有价值、高紧迫性的需求。此外，在众多需求中，也无法有效判断哪些应该通过培训手段干预，从而支持组织内部人员提高能力、改进绩效或发展业务。

采用ORID焦点讨论法，如果需求调研的调研对象是新员工，可以通过以下方式引导小组访谈的新员工代表进行研讨交流。

- O：入职快3个月了，在这段时间里，有哪些人或事给你留下了深刻的印象？

- R：你对公司或团队有怎样的感受？可以分享一下吗？

- I：这些感受对你熟悉环境、熟悉工作有何影响？

- D：你下一步的工作计划是什么？打算怎么做？需要哪些支持？

ORID焦点讨论法只是众多访谈技巧中的一种，小组访谈也只是ORID焦点讨论法应用的其中一种场景。访谈主持人需要根据访谈目的，选择恰当的访谈技巧进行小组访谈的引导和促动，从而让沟通更加自然顺畅，让访谈数据的收集更加高效。

# 5.5
# TNI模型访谈法

本章分别对一对一访谈和小组访谈进行了相关介绍。通常情况下，只要遵循访谈流程，访谈就可以顺利结束，但访谈数据收集的质量与期望标准之间可能会存在较大差距。究其原因，其中一个核心技术难点在于如何进行访谈结构设计和访谈促动引导。经过十多年的培训需求访谈理论研究与实践应用，我们提出了TNI模型访谈法，如图5-4所示。

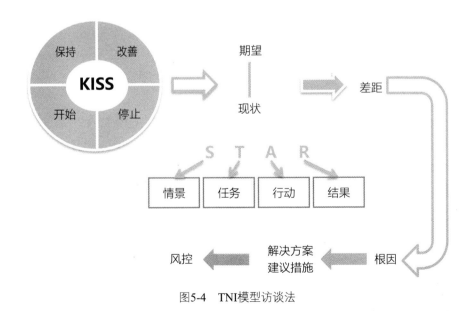

图5-4　TNI模型访谈法

TNI模型访谈法适用于任何培训需求访谈的访谈对象，也适用于任何一对一访谈小组访谈。此外，TNI模型访谈法既可以用于培训需求访谈，也可以用于其他访谈目的，如绩效面谈、员工满意度面谈，甚至日常工作问题交流等。本节所阐释的TNI模型访谈法侧重解决需求访谈如何有效促动引导的问题，前文所讲的访谈准备、开场陈述等访谈步骤仍然是必不可少的。最有效的做法是把TNI模型访谈法融入一对一访谈和小组访谈的全流程加以灵活应用。

TNI模型访谈法之所以值得培训从业者广泛采纳和应用，原因在于该方法解决了长期以来培训需求访谈数据收集过程中的3个关键问题。

- 需求访谈数据质量差，访谈结果不精准。通常情况下，访谈者花费了时间进行访谈，但访谈数据质量差强人意。尽管影响因素很多，但多年来的研究结果表明，最重要的一个影响因素是访谈者在规划访谈及实施访谈时缺乏相应的逻辑框架。TNI模型访谈法把本书提到的Goldstein模型、绩效改进技术和柯氏四级评估法进行了融会贯通，以确保在访谈过程中收集的数据具有全面性（包含组织层面、工作层面和人员层面的需求）、准确性（有期望的标准要求、现状描述、根因分析）、执行性（有解决方案建议和共识、风险防控建议）。采用TNI模型访谈法采集的需求数据有助于在数据分析阶段梳理提炼一条清晰的培训价值证据链，让培训的实施过程与达成的结果做到以终为始。

- 需求访谈专业人才培养难度大。培训需求访谈是一项对访谈者专业技术和经验具备度要求很高的工作。因此，能够胜任该项工作的人员往往需要经过较长时间的培养和历练。从过往的需求访谈能力训练方式来看，由于缺乏方法论，导致专业人才培养的方法和过程都是凭感觉、凭经验，缺乏参考标准。TNI模型访谈法具有很强的普适性，任何零经验的访谈者均可以应用该方法快速有效地掌握需求访谈的正确逻辑和实操技巧。

- 难以推动关键利益相关方参与培训执行。关于培训落实执行这个话题，在各类型组织或企业中都是一个让利益相关方各持己见的话题。培训方往往认为业务方对培训的重视度不够，在培训参与度和协同落实上缺乏主动性。与此同时，业务方认为培训参与度不够是因为两大疑问没有得到澄清：第一，没有看到培训与自身业务工作之间的关联度，所以参与培训的动力不足；第二，想支持或协助培训落地执行，但不知道在什么环节、用什么方式、以什么标准支持或协助。采用TNI模型访谈法进行需求访谈，既可以收集高质量的需求数据，也可以与利益相关方就参与支持培训达成共识。

## 5.5.1 TNI 模型访谈法操作步骤

### 1. 通过KISS开启需求访谈

开场陈述结束后，通过KISS进入访谈问题的促动引导，能够有效地开启一个建设性访谈交流进程。KISS指在访谈过程中提问的4个维度，即保持（Keep）、改善（Improve）、开始（Start）、停止（Stop）。在这一步的访谈交流中，访谈者不需要从这4个维度逐一提问，也不需要按照KISS的先后顺序进行提问，只需根据访谈的具体情况针对这4个维度进行灵活发问即可。如表5-6所示的KISS访谈提问指引不仅适用于访谈开启时，也可以灵活应用于访谈交流的后续各步骤，作为探索性问题和验证性问题使用。

表 5-6　KISS 访谈提问指引

| 提问维度 | 访谈问题示例 | 应用建议 |
|---|---|---|
| 保持<br>（Keep） | • 您个人/部门最近一个年度的业绩目标是什么<br>• 哪些方面的目标达到了您的期望和要求<br>• 您认为哪些方面的工作是令人满意的？有哪些经验可以保持和沿用 | • 以开放式问题作为访谈引导切入点，便于打开谈话思路<br>• 以受访者引以为傲的话题开启访谈，有利于营造一个具有亲和力的访谈氛围<br>• 优秀的、值得保持的成功经验和数据信息可以为后续访谈的不足之处提供参考和校验 |
| 改善<br>（Improve） | • 在您为个人/团队设定的目标中，有哪些目标没有达到您的预期<br>• 您认为哪些方面需要不断改善和提高 | • 从改善的视角开启访谈，好处在于开门见山、直奔主题、谈话效率高。当受访者做事风格开明开放、强调做事效率时，这种访谈开启方式比较适合<br>• 这种访谈开启方式的缺点是容易让受访者感到有压力，不利于营造轻松、安全、开放的谈话氛围 |
| 开始<br>（Start） | • 在您的工作开展和目标达成过程中，有哪些方面的工作应该着手开展却没有开展<br>• 有哪些方法或举措应该采取却没有采取<br>• 在工作目标的达成过程中，采取了哪些新的方法和措施<br>• 如果重来一遍，您认为应该开展哪些工作 | • 该维度的提问有助于了解受访者自我复盘，回顾好的经验方法和被遗漏、被忽视的工作<br>• 针对该维度的提问，建议受访者做适当的举例说明，便于深入探究 |
| 停止<br>（Stop） | • 在工作开展过程中，有哪些方法和措施一直在用，但效果不好、效率不高<br>• 有哪些方法已经不再适用，应该叫停 | • 该维度的提问对受访者而言比较尖锐且不愿意直面。建议在进行这个维度的提问之前，与受访者做一定的交流铺垫 |

## 2. 寻找差距

寻找差距是指通过需求访谈深入了解利益相关方对工作完成和目标达成的期望要求与实际完成结果之间的差距。在这一步，访谈者需要从期望和现状两个层面进行提问与数据的深度挖掘。其目的在于识别和判断是否有差距（业绩差距分为三大类：负差距、零差距、正差距）、差距在哪里、差距有多大。在期望层面，由于受访者所处的岗位和职位角色不同，访谈提问的侧重点也有所不同。如果受访者是企业高管，则关于期望的提问重点是组织层面和工作层面。例如，"组织战略目标是什么？""组织战略目标达成后，您期望实现哪些业务结果指标？"如果受访者是基层管理者或中层管理者，则提问的重点是对团队达成业务结果目标的期待和要求。如果受访者是员工，则提问的重点是对个人工作的目标要求和期望。

现状层面的访谈主要聚焦于让受访者客观描述实际完成情况。访谈者需要在了解现状的过程中，深入了解受访者成功的经验和失败的教训。为了降低受访者回答访谈问题的难度，同时确保收集到客观真实的信息，可以遵循STAR原则进行提问引导，这是一个非常有效的访谈方法和流程，如表5-7所示。

表 5-7　STAR 原则应用示例

| 提问维度 | 访谈问题示例 | 应用建议 |
|---|---|---|
| 情景<br>（Situation） | • 该事件或该项目发生的背景是什么<br>• 什么时间？什么地点？参与者有哪些？利益相关方有哪些<br>• 当时的情景是怎样的 | • 采用STAR原则了解现状时，提问方式和问题措辞尽可能直接、简单明了<br>• 针对受访者的回答，侧重要求受访者进行事实情况的客观描述，减少甚至避免做出基于事实的概括提炼或主观观点的表达 |
| 任务<br>（Task） | • 该事件或该项目发起的目的是什么？需要达成什么目标<br>• 您在该事件或该项目中承担什么职责？扮演什么角色<br>• 哪些因素导致了这种情况 | |
| 行动<br>（Action） | • 在该事件或该项目的执行过程中遇到了哪些困难和挑战<br>• 采取了哪些方法和举措？具体是如何推进的<br>• 当面对困难和挑战时，您是怎么想的<br>• 团队或项目中的其他利益相关方是如何行动的<br>• 什么原因让您做这样的决策和行动 | |

续表

| 提问维度 | 访谈问题示例 | 应用建议 |
|---|---|---|
| 结果<br>（Result） | • 该事件或该项目的结果如何？在多大程度上达到了预期目标<br>• 如果未达到预期目标，原因是什么<br>• 该事件或该项目对您有哪些启发？如果将来遇到类似的情况，您会采取怎样的方法应对和处理<br>• 您对该事件或该项目中的其他人有哪些观察和建议<br>• 该事件或该项目中其他利益相关方对您的评价是什么 | |

STAR原则源于哈佛大学教授戴维·麦克利兰（David McClelland）提出的一套访谈方法和流程，即行为事件访谈法（Behavioral Event Interview，BEI）。该方法普遍用于岗位工作分析、胜任力建模、人才盘点访谈、招聘面试等典型场景。经过多年的人力资源开发研究和实践，我们发现行为事件访谈法同样适用于培训需求访谈。尤其是当培训方希望通过需求访谈了解实际工作完成情况时，采用行为事件访谈法中的STAR原则有助于了解全面且真实的数据，从而识别和诊断可能存在的培训需求及非培训需求。通过STAR原则进行访谈引导，受访者提供的需求数据有助于识别和判断培训需求与非培训需求。此外，通过STAR原则进行访谈还可以为培训价值证据链的建立提供充分的数据。

寻找差距是培训需求访谈的一个关键步骤，也是一个难点。如果这一步的数据收集不充分、不准确，则分析根因和共识解决方案这两步就无法开展。寻找差距这一步的访谈提问和交流的深入程度是一个难点，一方面取决于访谈者的访谈技巧与专业素养；另一方面取决于受访者的素养与配合程度。访谈者通过遵循STAR原则进行访谈引导，不仅能够为寻找差距这一步的访谈数据收集找到一套具有普适性的方法和流程，而且能够应对非典型受访者带来的访谈挑战与突发情况。通常情况下，以下两种类型的受访者容易给访谈者带来巨大的压力，甚至导致访谈失败，无法收集到完善且准确的访谈数据。

（1）滔滔不绝型。当面对滔滔不绝型受访者时，访谈方向和节奏容易失控。在有限的访谈时间里，往往是受访者主导访谈话题和访谈进程，访谈者很难找到提问的机会。当受访者的谈话已经偏离访谈方向时，建议访谈者采用转换谈话的技巧进行访谈方向和节奏的纠偏，接着启用STAR原则进行进一步引导访谈，让访谈话题回归到正确的方向，如表5-8所示。

表5-8　转换谈话 + 启动 STAR 原则

| 转换谈话示例 | 启动 STAR 原则 | 应用建议 |
|---|---|---|
| "我很愿意帮助您，但是，我想先问几个问题，以便更清楚地了解有哪些绩效问题。这样我才能提出更好的、符合您的需求的解决方案。" | "关于您刚才提到的某些问题，能否举 1~2 个例子加以说明？" | • 采用表5-7中的访谈问题示例，针对受访者举出的例子启动STAR原则进行数据信息的深入挖掘<br>• 在访谈过程中，灵活采用探索性问题和验证性问题进行信息挖掘和确认<br>• 此方法适用于各种访谈情形和受访者的各种风格特点，尤其适用于化解滔滔不绝型和话题终结者型受访者带来的访谈挑战 |
| "为了更好地理解您的需求，并且保证我提出的解决方案能够解决您的业务问题，您是否介意我问您几个问题？" | | |
| "我想问您几个问题，以便更清楚地了解绩效问题是什么，以及您希望达成什么样的业务结果。" | | |

（2）话题终结者型。当面对话题终结者型受访者时，无论访谈者提出什么问题，受访者都以简单的几个字或几句话结束回答。例如，访谈者提问："为了更好地达成目标，您认为有哪些方面需要进一步改善？"受访者答："差不多就那样吧，希望公司多配一些人手，预算多一些。"通常情况下，造成受访者成为"话题终结者"的原因分为两种情形。第一种情形是受访者自身不善言辞，对访谈问题的回答容易做简单化处理。拥有专业技术型工作背景的受访者普遍存在这种情形。第二种情形是受访者出于"完成任务"的非自愿心态参与访谈，或者在访谈过程中没有建立信任感和安全感，就容易以"能少说就尽量少说"的方式应对访谈。面对这种类型的受访者，建议访谈者从两个方面引导访谈。第一，避免采用封闭式问题，如"达标与

否""是否需要进一步改善""业务流程顺畅吗"。第二,采用"转换谈话+启动STAR原则"的访谈引导方法,拓展谈话的宽度和深度,从而收集有价值的需求数据。

### 3. 分析根因

大多数需求访谈进行到寻找差距这一步就戛然而止了。访谈者以为只要了解了差距情况就可以判断应该做什么培训及培训应该以什么方式开展。其实不然。需求访谈止步于寻找差距,往往是造成培训需求诊断不精准的主要原因之一。在需求分析过程中,找到了绩效差距并不等同于诊断清楚了具体的培训需求是什么,还需要进一步分析导致绩效差距的根本原因,从而精准地判断哪些是培训问题,哪些是非培训问题,最终为已经存在的或未来预期会出现的绩效问题找到恰当的解决方案。如前文所述,导致绩效差距的根本原因多种多样,有的与工具、系统、资源配置、流程设置、健康状况、政策制度等相关,这类绩效差距原因与知识、技能、态度等能力要素无关。研究与实践均表明,如果导致绩效差距的根本原因是能力不足,则培训是解决此类绩效差距最有效的干预手段。否则,采用非培训的方式更有效。为此,需求访谈者了解到绩效差距后,非但不能停止访谈进程,还需要进一步探寻导致绩效差距的根本原因,从而为识别真正的培训需求找到可靠的依据。

### 4. 共识解决方案

从传统的培训思维方式和实践来看,在培训需求分析过程中寻找解决方案时,培训方容易陷入一个狭隘的认知盲区,即培训需求分析的目的只是找到培训需求。从组织和业务的视角来看,培训只是达成组织战略目标和实现业务绩效结果的众多问题解决工具和手段中的一种。由此可见,培训需求分析是业绩问题改善目的实现过程中所采用的一种问题识别方法,借助培训需求分析的过程寻找解决业绩差距问题的培训解决方案和非培训解决方案。

对于谁能够找到业绩问题的解决方法这个议题，一直以来争议不断。培训方一直认为培训需求访谈的过程只是为了找到利益相关方对培训的需求有哪些、在哪里、有多紧急、有多重要，从而默认与培训需求有关的解决方案应该由培训方自行梳理确定，与培训需求无关的解决方案应该搁置在一旁，不需要纳入需求分析结果范畴。经过多年的培训行业研究及培训实践，我们发现参与需求访谈的受访者往往是组织业绩问题产生的亲历者或见证者，他们往往对业绩问题产生的根源及解决方法具有较为深入的观察、理解甚至反思。因此，访谈者需要借助访谈数据收集的过程深入探寻受访者对业绩问题或挑战的解决方案建议。

### 5. 风险防控

需求访谈的终点不是找到解决方案，而是将解决方案执行到位。如何才能将解决方案执行到位呢？培训方需要在访谈过程中，针对几个风险防控关键点加强信息数据收集：第一，受访者提出的解决方案是必需的吗？有多紧急或有多重要？第二，在培训项目的执行过程中，哪些利益相关方需要参与其中？他们有多大的意愿度参与其中？能够投入哪些资源支持培训的落实？解决方案执行落实过程中的风险防控如表5-9所示，培训方可据此验证受访者提出的解决方案是否真实，是否紧迫，是否能够执行到位，以及如何才能执行到位。由此可见，培训工作如何开展、培训如何执行到位、培训能否取得预期效果等，所有与培训过程和培训结果有关的问题都应该前置到培训需求分析过程中进行信息了解和问题预判。

表 5-9 解决方案执行落实过程中的风险防控

| 风险点 | 访谈提问示例 |
| --- | --- |
| 验证解决方案的必要性 | • 如果实施这个培训项目，您认为能够解决哪些问题？能在多大程度上解决问题？对组织和业务能够产生什么价值<br>• 如果不实施这个培训项目，您认为可能会产生什么负面后果 |

续表

| 风险点 | 访谈提问示例 |
|---|---|
| 了解关键利益相关方对未来培训的支持力度 | <ul><li>如果这些培训项目将来实施成功了，您认为需要做到什么程度才算成功</li><li>如果要成功实施这些培训项目，您认为哪些部门或人员需要参与其中并给予支持</li><li>您认为要将这次培训执行到位，我们已经具备了哪些条件？还欠缺哪些条件</li><li>为了将这次培训执行到位，您认为应该采取哪些措施和办法</li></ul> |

## 5.5.2　TNI 模型访谈法应用技巧

为了提高访谈数据的质量，在按照TNI模型访谈法实施促动引导的过程中，访谈者需要着重加强5个方面的应用技巧：取得信任、获得价值认同、营造舒适的谈话氛围、把控谈话方向与节奏、保持中立，如图5-5所示。这5个方面的技巧应用不限于访谈的某个特定时间或步骤，而需要嵌入访谈的全流程，做到融会贯通、灵活应用。

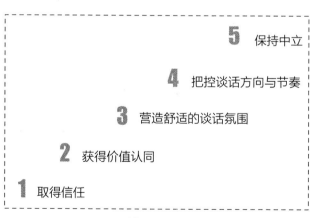

图5-5　TNI模型访谈法应用技巧

### 1. 取得信任

在访谈全过程中，需要在相应的步骤不断建立和巩固访谈者与受访者之间的双向信任，从而确保访谈过程的顺畅及访谈数据的真实性和完整性。为此，访谈者可参考以下几个建议。

（1）提问方式。无论在哪一步（通过KISS开启访谈、寻找差距、分析根因、共识解决方案）提问，我们都建议从事实性问题着手，从简单易回答的问题向复杂且具有一定挑战性的问题逐步推进，避免一上来就提出需要受访者审慎思考后才能回答的问题。否则，受访者会误认为访谈者在质疑或挑衅自己。

（2）提问用语。在访谈过程中，建议少用或不用"问题"一词。例如，"您认为有哪些问题需要解决？""问题"一词会让受访者觉得访谈者带有"有罪"假设，访谈者与受访者处于对立的、不认同彼此的状态。为此，可以将上述访谈提问改述为："与您的期望和要求相比，您认为哪些方面还需要进一步改善和提高？"

（3）信息保密。尽管在访谈开场环节访谈者已经陈述了对访谈信息保密及访谈数据仅用于需求分析与诊断，不作他用，但是在访谈过程中，当涉及敏感问题时，访谈者仍然需要以不同的方式表达和承诺对信息保密。例如，当受访者在谈及导致绩效问题的根本原因、解决方案的落实会遇到哪些困难和挑战等问题时，访谈者需要做出信息保密的强调和承诺，从而提升受访者的信任。

### 2. 获得价值认同

访谈数据质量的高低很大程度上取决于受访者参与访谈的意愿度，受访者意愿度越高，越有助于提高访谈数据的质量。受访者的意愿度并不是一成不变的，也不是不可改变的。访谈者可以从以下3个方面着手，提高受访者的意愿度。

（1）深入挖掘受访者参与需求访谈对自身有哪些价值和益处。

（2）深入挖掘受访者参与需求访谈对其团队、客户、合作伙伴或利益相关方有哪些价值和益处。

（3）对受访者所创造的价值和贡献给予恰当的认可。

### 3. 营造舒适的谈话氛围

访谈者需要以轻松、自信的状态进入访谈环节，让受访者有一定的舒适感，避免其产生抗拒或感到不适应，这是需求访谈顺利推进的基础前提。在TNI模型访谈法的应用过程中，建议访谈者从以下几个方面着手，营造一个舒适的谈话氛围。

（1）肢体语言表达到位。访谈者以专注、友善、自信的目光注视着受访者，与受访者进行恰当的目光交流；保持轻松、自然、有朝气的姿态和具有亲和力的微笑。

（2）保持谈话的连贯性。无论是采用开放式问题、探索性问题、验证性问题，还是采用任何其他类型的问题，培训者始终都要注意沟通的连贯性和谈话的深入程度，避免出现逻辑跳跃性太大的问题，即前一个问题还没结束，马上中断另提一个问题。频繁切换谈话内容会导致整个沟通如同蜻蜓点水，浮于表面，甚至给受访者带来谈话内容凌乱、缺乏头绪的感受和体验。

（3）鼓励受访者表达。在访谈过程中，不要给受访者设置条件或限制，要让对方自然、充分地表达。只有当受访者的谈话内容偏离访谈方向时，访谈者才需要采用引导技巧进行恰当的纠偏调整。

### 4. 把控谈话方向与节奏

访谈者对谈话方向与节奏的把控到位与否，会极大地影响访谈数据的质量。TNI模型访谈法本身是一个有效把控谈话方向与节奏的引导框架。按照该方法进行访谈，能够有效避免访谈失控。

（1）根据受访者的风格特点和访谈场景，从KISS的相关维度切入访谈话题。这一步把控到位了，就能够避免谈话内容和节奏始终停留在表面的寒暄和试探上，始终不入正题。

（2）在寻找差距这一步，当访谈方向出现偏离或访谈话题出现僵局时，可以采用STAR原则，以受访者毫无察觉且舒适的方式重启或激活访谈。

（3）在分析根因这一步，访谈者可以采用绩效改进技术，根据根因所属维度，指引受访者提供有针对性的根因分析数据，从而有效识别培训问题和非培训问题。

（4）在共识解决方案这一步，访谈者可以将绩效改进技术领域归类的解决方案作为参照，引导受访者提供符合当下情况且具有前瞻性的建设性建议。

### 5. 保持中立

在大多数情况下，访谈者容易把营造舒适的谈话氛围等同于迎合、鼓励、认同受访者。有些访谈者认为保持中立难以取得受访者的信任，从而难以挖掘充分有效的需求数据。经过多年的研究和需求访谈实践，我们认为，要成为一名优秀的访谈者，或者要实施一次高质量的需求访谈，需要在访谈引导过程中保持中立。那么，如何才能保持中立呢？

（1）善于聆听。访谈者对自己在访谈过程中承担的职责角色需要有清晰的界定：是具备导引职责的聆听者，而不是具备演讲能力的说服者。在访谈过程中，访谈者主要靠有效的提问和聆听获取高质量的需求数据。

（2）对受访者的观点不做评判。在访谈过程中，对受访者提供的数据信息只如实记录，不急于做任何归纳和提炼。对受访者的观点、立场、洞察不做评判，即不做任何附和或反驳。对于受访者的负面情绪或负面观点，可以采用《完美咨询：咨询顾问的圣经》一书介绍的方法共情受访者，但不需要认同和附和对方。如此一来，既不会破坏良好舒适的访谈氛围，也不会误导和干扰受访者的观点表达。

（3）让每次访谈都保持相对独立。为了确保每次访谈都能够收集到真实、完善的数据信息，访谈者切勿将其他受访者的观点带入当前的访谈交流过程中。即使受访者主动询问且具有强烈的愿望想了解其他受访者的观点，访谈者也要婉拒并告知对方待全部访谈结束后会进行统一的数据分析处理。如果访谈者将其他受访者的观点代入当前的访谈过程，一方面，会形成访谈者片面的甚至错误的访谈假设，从而在访谈提问过程中提出倾向性问题，偏离访谈方向；另一方面，其他受访者的观点会误导当前受访者的判断和信息输入。

## 💡 实操建议

（1）根据问卷调研数据收集原则，如果能够覆盖研究总体进行数据收集，就不采用抽样调研。如果只能采用抽样调研，建议采用本章推荐的抽样样本大小分析表来确定样本量。

（2）考虑到访谈数据收集的精准度和充分程度，原则上可采用一对一访谈的，就不采用小组访谈。当访谈时间不充足或出于成本管控等考虑时，则可以适当地采用小组访谈进行数据采集。

（3）通常情况下，一对一访谈或小组访谈的流程包含6个步骤，即访谈准备、开场陈述、提问与记录、验证与确认、访谈结束、跟进与反馈。建议访谈者不要忽视和遗漏任何一个步骤，以免造成访谈质量达不到期望的要求。

（4）TNI模型访谈法是一种创新的访谈方法，它解决了长期以来培训需求访谈数据收集过程中的三大关键难题。建议访谈者在进行访谈框架设计及访谈实施的过程中应用该方法。不同能力水平和不同经验水平的访谈者使用该访谈方法时，建议采用先僵化、再固化、后优化的"三步走"策略。

**06**

第6章

分析调研数据

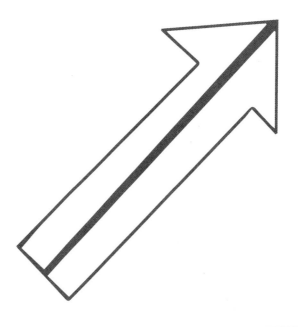

　　培训需求调研数据的分析往往被认为是一件难度系数很大的事情。常规情况下，确实如此。但是，如果采用本书提出的TNAP模型开展需求调研工作，严格按照本书介绍的方法和流程组建培训需求调研项目小组、达成方法论共识、制订需求调研计划、开发调研方法及收集需求数据，调研数据分析就能顺利进行。

　　在培训需求分析与计划制订过程中，要做好调研数据分析，需要从3个维度进行考量，这3个维度构成了培训需求数据分析框架，如图6-1所示。

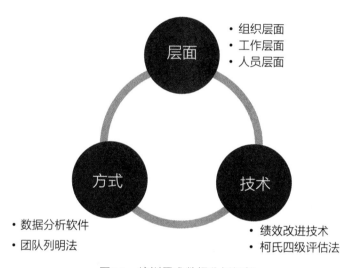

图6-1　培训需求数据分析框架

- 层面。培训需求数据分析人员在着手进行培训需求数据分析之前，首先应明确一个问题：从哪些层面进行培训需求数据分析？由前文可知，Goldstein模型是众多需求数据分析模型中被广泛应用且最适合进行培训需求数据分析的模型之一。为此，TNAP方法论从需求调研架构设计、需求调研方法开发到调研数据收集的全流程，均基于Goldstein模型开展调研工作。因此，在培训需求数据分析阶段，仍然从宏观、中观、微观3个层面分别进行组织层面的培训需求数据分析、工作层面的培训需求数据分析和人员层面的培训需求数据分析。

- 技术。针对调研数据从3个层面进行分析时，应该采用什么方法或技术呢？从TNAP方法论的操作流程来看，从调研框架设计、调研方法开发到调研数据收集，每个环节都采用了绩效改进技术和柯氏四级评估法。由此可见，在培训需求数据分析阶段，仍然需要把这两种技术融入每个层面的培训需求数据分析过程。

- 方式。在培训需求调研过程中，采用问卷调研法、访谈法、文档分析法、观察法等不同方法收集的数据类型各有不同，但均可以归类为定量数据或定性数据。但是，针对如此丰富多样的数据，采用什么方式进行数据处理最有效呢？从培训需求数据的分析目的来看，建议采用数据分析软件与团队列名法相结合的方式，既能够满足培训需求数据分析的要求，也能够避免分析过程冗长、复杂。

对许多培训从业者而言，培训需求数据分析是一项需要具备丰富的数据分析经验、非常抽象且难以理解和掌握的工作。为了能够直观易懂地诠释如何进行培训需求数据分析，本章将从4部分分别阐释分析什么及如何分析。

- 组织层面的培训需求数据分析。

- 工作层面的培训需求数据分析。

- 人员层面的培训需求数据分析。

- 数据分析方式。

# 6.1
# 组织层面的培训需求数据分析

组织层面的培训需求数据分析是指通过对组织经营发展战略的分析，确定组织战略目标的实现需要怎样的组织力和核心竞争资源，从而进一步分析和判断需要多少数量、何种质量（能力水平）及何种结构匹配性的人才队伍。组织层面的培训需求数据分析流程围绕4项工作展开：明确组织目标、了解组织资源、确定组织氛围、考虑外在环境限制。培训需求数据分析人员需要在Goldstein模型的指引下，通过组织层面的培训需求数据分析，诊断组织战略目标要求，锁定待培养的关键人群，确定对这些关键人群进行培养的最终业务结果目标。那么，如何才能完成这些工作呢？

## 6.1.1 组织层面的培训需求数据分析需要考虑的问题

数据分析人员在对培训需求定量数据和定性数据进行分析时，可以考虑表6-1和表6-2中列举的相关问题，进行数据分析和结论概括。表6-1所列举的问题是在组织层面的培训需求数据分析过程中需要综合考虑的内容，表6-2所列举的问题则侧重在人力资源管理与开发方面的培训需求数据分析过程中需要考虑的内容。在数据分析过程中，表6-1和表6-2中列举的问题仅是示例，并没有穷尽所有需要考虑的问题。与此同时，数据分析人员也不需要针对表中所列的每个问题逐一进行分析和考量。在大多数情况下，组织层面的培训需求数据分析的范畴主要围绕表6-1和表6-2所列举的问题维度设定。

表 6-1　组织层面的培训需求数据分析需要考虑的问题：综合考虑

| 序号 | 需要考虑的问题 |
| --- | --- |
| 1 | • 组织所属的行业处在上升阶段还是稳定期<br>• 竞争对手的发展态势如何<br>• 和竞争对手相比，组织的主要优势有哪些 |
| 2 | • 为什么组织能在过去取得一定的业绩/成效 |
| 3 | • 组织准备引进什么新技术<br>• 如果组织发展的某些条件已经成熟，这些新技术可以在什么时候正式投入使用 |
| 4 | • 在可以预见的未来出现的组织变革与创新将如何改变行业竞争格局 |
| 5 | • 组织将在何时建立什么样的新型管理理念或采取哪些新的管理措施 |

| 序号 | 需要考虑的问题 |
|---|---|
| 6 | • 基于对过去、现在、未来的观察，是否存在影响组织战略规划的任何政府管制问题 |
| 7 | • 为了实现组织的总体战略，组织内不同的单位或部门各自已经采取了什么样的具体策略？它们又将如何进行未来规划？为什么 |

表6-2　组织层面的培训需求数据分析需要考虑的问题：人力资源开发与管理方面

| 序号 | 需要考虑的问题 |
|---|---|
| 1 | • 组织员工目前的优势和劣势是什么 |
| 2 | • 在工作流程、组织文化和员工的技能水平上必须做出哪些改变 |
| 3 | • 组织总体战略的实施是否会造成裁员和员工跳槽现象<br>• 组织总体战略的实施预期会对哪些人产生影响 |
| 4 | • 从组织的战略规划出发，需要重新修改哪些人力资源管理政策 |
| 5 | • 组织的总体发展战略对人力资源培训与人才发展工作意味着什么<br>• 人力资源培训与人才发展工作将如何为组织战略目标的实现做出贡献 |
| 6 | • 组织需要实施哪些具体的人力资源培训与人才发展工作<br>• 组织本身是否有能力实施必要的人力资源培训与人才发展工作<br>• 有没有外部专家可以帮助组织？这些专家是谁 |
| 7 | • 员工和管理层过去如何看待人力资源培训与人才发展工作<br>• 他们对人力资源开发项目、培训师和其他人力资源开发人员的信任程度如何 |
| 8 | • 对每个项目而言，应该如何制订投入和产出比最大且最可行的实施方案 |
| 9 | • 当前采用的培训效果评估方法是什么<br>• 该评估方法能提供有关投资回报率的信息吗<br>• 如果不能，该评估方法对组织的战略管理有帮助吗 |
| 10 | • 有无正式的工作流程和机制可以确保目前的人力资源培训与人才发展工作和组织新的发展战略保持一致？或者说，有无相应的工作流程和机制可以发现新的发展战略对培训的需求 |
| 11 | • 除了培训和人才发展工作，是否还需要考虑采用其他人力资源管理职能？是否有必要重新设计这些职能 |

## 6.1.2　组织层面数据编码与培训需求诊断

若要进行组织层面的数据分析，首先要界定哪些数据属于组织层面的需求数据。尽管不同的数据分析人员对组织层面数据的范畴和定义各有不同，但总体来看，组织层面的数据维度包括组织目标、组织资源、组织氛围、组织环境。数据分析人员可以针对这些维度进行数据编码和培训需求诊断。

### 1. 组织目标

数据分析人员需要从收集的需求数据中寻找并分析与组织目标相关的定量数据和定性数据。与组织目标相关的数据通常来源于核心管理层的访谈数据、公司管理系统出具的业绩分析报告、公司重要会议文件及核心管理层的重要会议讲话等。与组织目标相关的数据通常可分为3类：第一类是业务结果指标，如公司短期、中期、长期业务结果指标（如销售额、市场份额、客户满意度、品牌、成本管控等）；第二类是人力资源指标，如和人力资源管理与开发相关的目标描述（如薪酬福利、绩效管理、员工关系、招聘、人才发展、人才激励与留用、任职资格体系建设等）；第三类是和企业文化相关的描述，如和企业文化建设目标相关的数据信息（如员工满意度、员工敬业度、最佳雇主品牌等）。

数据分析人员可以将这3类数据纳入组织目标维度进行数据编码。与此同时，在编码过程中把与组织目标相关的数据分为两个类别：期望的组织目标和实际达成的组织目标。针对这两类数据进行对比分析，判断两者之间是否有差距及差距出现在哪些层面、哪些业务板块、哪些关键人群，从而为锁定需要培训的关键人群提供数据依据。

### 2. 组织资源

组织资源是指组织已经具备或不具备的与资源相关的数据信息，包含但不限于资金预算、设备设施、系统平台、人员素养和专业具备度、信息数据完善程度等。数据分析人员在组织层面的数据分析过程中，可以将需求调研收集获得的上述数据纳入组织资源维度进行数据编码。这个维度的需求数据能够帮助数据分析人员诊断和评判在人才培养方面，组织资源的充分程度如何，从而有助于进行培训需求满足与否的取舍决策和优先级排序决策。

### 3. 组织氛围

组织氛围是指与缺勤率、离职率、顾客投诉率、员工满意度等相关的情况描述及期望要求等数据信息。数据分析人员在对组织层面的数据进行编码和分析时，建议数据分析人员将这些数据纳入组织氛围维度进行数据编码。与组织氛围相关的数据能够反映组织层面的工作环境质量，不仅有助于发现可能与培训有关的问题，也有助于分析实际工作绩效和理想工作绩效之间的差距及导致差距的原因，从而设计所需的培训解决方案。

### 4. 组织环境

组织环境是指与组织相关的外部环境因素和情况描述，如法律、社会、政治、经济等相关数据信息。建议数据分析人员将这些数据信息纳入组织环境维度进行数据编码。数据分析人员可以针对与组织环境相关的数据进行分析，判断哪些因素将如何推动或限制培训工作的开展，哪些因素将影响培训需求的扩大或缩减。例如，分析疫情、全球变暖、国际经贸往来变化与博弈、国际政治格局变化等对组织发展带来的正面或负面影响将如何影响组织的人才培养计划。

## 6.2
## 工作层面的培训需求数据分析

组织层面的培训需求数据分析是为了确定待培训的关键对象群体是谁，以及针对这些关键对象群体进行培训所需要达成的组织战略目标是什么。工作层面的培训需求数据分析则是针对关键对象群体所涉及的关键工作岗位、团队或业务板块，分析其为了达到组织战略目标要求下的业务结果所需要完成的工作职责、工作任务和绩效标准，同时精准地分析达成工作目标需要具备哪些知识、技能和态度等。

## 6.2.1 工作层面的培训需求数据分析需要考虑的问题

任何岗位、团队或部门都有与业务结果相关的目标要求，KPI属于其中的组成部分。若要达到相关岗位或工作任务目标要求下的KPI，必须系统地分析与岗位相关的工作范围、职责及任务信息。基于工作任务分析的结果，梳理并确定哪些是关键的工作任务及胜任这些工作任务所必须具备的知识、技能和态度。通过分析现有人员的实际能力水平，识别其与标准之间的差距，从而确定培训的发力点。工作层面的培训需求数据分析可以达到节省资源成本的目的，能够尽早发现存在的问题与瓶颈，为识别培训需求或提供解决方案创造条件。

为了避免工作层面的培训需求数据分析出现偏差，也为了提高数据分析的效率，数据分析人员可以根据表6-3中的相关问题，针对需求调研收集的相关数据进行识别，判断其是否属于工作层面的相关数据，是否应该纳入工作层面的需求分析范畴。

表 6-3 工作层面的培训需求数据分析需要考虑的问题

| 序号 | 需要考虑的问题 |
|---|---|
| 1 | • 待培训关键对象群体需要完成的个人或团队业务结果目标是什么 |
| 2 | • 待培训关键对象群体需要完成的岗位职责是什么<br>• 相关岗位职责包含哪些工作任务 |
| 3 | • 胜任相关岗位需要具备哪些知识、技能和态度 |
| 4 | • 相关岗位达标的关键指标要求是什么 |

| 序号 | 需要考虑的问题 |
|---|---|
| 5 | • 相关岗位工作的完成需要使用哪些工具、设备、耗材及其他相关资源 |
| 6 | • 在相关岗位操作过程中，有哪些风险因素及风险防控措施 |
| 7 | • 相关工作职责和工作任务的完成有哪些典型场景、工作挑战和问题<br>• 需要怎样的工作经验和岗位经验 |

## 6.2.2 工作层面培训需求数据分析的数据来源

通常情况下，当数据分析人员面对数量众多且错综复杂的培训需求数据时，容易对数据产生混淆。为了减轻数据识别和处理的负担，数据分析人员可以参考表6-4中的几种主要数据来源，对工作层面的相关数据进行分类和锁定。

表 6-4 工作层面需求培训需求数据分析的数据来源

| 数据来源 | 对培训需求数据分析的启示 |
|---|---|
| 工作说明书 | 分析和诊断此项工作的典型职责、工作任务及操作标准 |
| 任职资格说明 | 描述工作岗位的任职资格，可以明确任职者所需要具备的知识、技能、经验、特质及其他素质 |
| 绩效考核 | 从岗位绩效考核的维度和指标了解相关岗位对工作产出结果的衡量标准与要求 |
| 访谈 | 通过对关键利益相关方（如任职者、主管上级、高层管理者等）访谈数据的分析，可以分析判断工作层面的实际水平与期望水平之间是否有差距及差距在哪里，从而为培训需求的诊断提供可靠的数据依据 |
| 工作坊研讨 | 采用工作坊研讨的方法和流程，针对岗位职责、工作任务、工作流程、典型问题场景或问题挑战等进行分析研讨。工作层面的培训需求数据分析方法多种多样，如典型职业工作任务分析法、教学计划开发工作任务分析法、关键事件分析法等。鉴于每种分析方法都有各自的优点和适用场景，建议数据分析人员根据数据分析的目的和要求，采用一种分析方法或多种分析方法的组合 |

# 6.3
## 人员层面的培训需求数据分析

### 6.3.1　人员层面的培训需求数据分析的内涵

人员层面的培训需求数据分析是为了分析和判断执行特定工作的员工执行各项工作的情况。与组织层面和工作层面的培训需求数据分析相比，人员层面的培训需求数据分析更加微观且聚焦于员工个体层面的需求诊断。该层面的培训需求数据分析与组织层面、工作层面的培训需求数据分析有关系，但不是包含与被包含关系，也不是交叉关系。

### 6.3.2　人员层面培训需求数据分析的数据来源

与组织层面和工作层面的培训需求数据分析相比，人员层面的培训需求数据分析比较微观且难度系数小。人员层面的培训需求数据来源包含但不限于绩效评估、岗位观察、访谈/问卷调研、测验/考试、工作日志，如表6-5所示。

表 6-5　人员层面培训需求数据分析的数据来源

| 数据来源 | 对培训需求数据分析的启示 |
| --- | --- |
| 绩效评估 | 绩效评估数据能够反映员工工作产出及岗位胜任能力，从而判断员工是否存在能力差距及是否需要采用培训手段加以强化和提高 |
| 岗位观察 | 通过对待培训对象群体岗位工作的观察，了解并记录其在实际工作场景下的行为表现和工作产出 |
| 访谈 / 问卷调研 | 从员工视角了解其工作绩效情况、能力水平差距、个人成长诉求、学习风格偏好等 |
| 测验 / 考试 | 采用测验或考试手段了解员工在知识、技能、态度层面的真实情况 |
| 工作日志 | 根据员工对自己工作的详细记录，了解其工作产出和能力水平 |

## 6.3.3 人员层面培训需求数据分析的重点

人员层面培训需求数据的分析重点有两个：绩效分析与学习风格偏好分析。

### 1. 绩效分析

绩效分析是指分析员工在相关岗位上的实际绩效情况如何；与胜任岗位工作所需要的相关知识、技能、态度相比，是否存在差距与不足；导致绩效差距的原因是什么，以及可能的解决方法有哪些，等等。使用的绩效评估模型如图6-2所示。

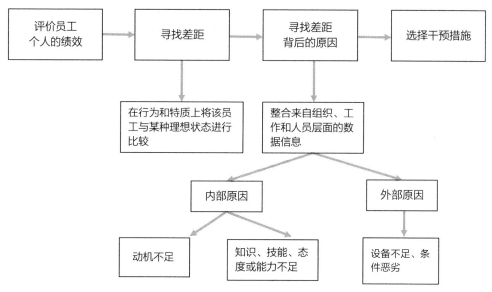

图6-2　人员层面培训需求数据分析的绩效评估模型

### 2. 学习风格偏好分析

人员层面的培训需求数据分析需要针对待培训对象群体的年龄分布、学历分布、职位分布、工作经验、工作环境等进行分析，从而判断其学习风格偏好。对待培训对象群体学习风格偏好的分析有助于培训项目设计与实施过程中学习策略的选择、教学方法的应用、培训资源的配置等。

针对人员层面的培训需求数据分析，在数据种类繁杂、数据量较大、数据分析时间不充裕的情况下，可以按照表6-6中的人员层面培训需求调查表进行数据编码和数据分析。

表6-6　人员层面培训需求调查表

| 姓名 | | 性别 | | 年龄 | |
|---|---|---|---|---|---|
| 专业 | | 学历 | | 所属部门 | |
| 职务 | | 任职年限 | | 工作年限 | |
| 工作状况 | | | | | |
| 主要工作内容 | | | | | |
| 问题处理 | | | | | |
| 常见工作问题 | | | | | |
| 解决方式 | | | | | |
| 结果如何 | | | | | |
| 培训情况 | | | | | |
| 培训经历 | | 培训结果 | | 培训日期 | |
| | | | | | |
| 对过往培训课程有何感受 | | | | | |
| 希望企业安排和设计哪些培训 | | | | | |

### 案例6-1：天潭国际培训需求数据分析　🔍

随着电子商务的突飞猛进，物流行业的竞争压力日益明显，整个行业的边际利润逐渐下降。天潭国际下属的物流事业部近年来在整个集团的业务板块中发展迅速，集团提出物流事业部的经营业绩在两年内要翻一番。

业务要增长，必须有强有力的核心人才梯队，物流事业部高层对培训中心提出要求，将物流关键人才培养作为战略级项目给予支持。培训中心与外部咨询公司合作，组建联合项目组，在项目开始前实施了多轮调研摸底，为项目设计与实施收集大量有价值的信息，通过对物流业务链的分析，锁定中转场经理为首批关键目标群体。

中转场负责人以中转场经理和副经理为主，共100多人。以往大多数中转场经理靠经验管理团队，没有经过系统的培训来提高专业水平。开展专项赋能与培养的目标是改变他们的管理思维，提高他们的管理能力，帮助他们把队伍带起来，提高整个团队和组织的效率。

### 1. 组织层面的培训需求数据分析

项目组利用文档分析法、问卷调研法、访谈法等进行培训需求数据收集与分析，特别是听取了主要管理者的意见和期待，并与业务部门负责人确认。项目组针对本次项目期望达成的目标，选定了中转场经理的3项关键绩效指标，同时梳理了影响每项关键绩效指标达成的客观因素及关键绩效指标所关联的管理能力，从这些管理能力中进一步挑选出核心能力，作为培训首先解决的问题。

### 2. 工作层面的培训需求数据分析

通过教学计划开发工作任务分析，了解中转场经理的主要职责包括以下5个方面。

- 质量管控（如损坏、丢失、延迟等）。

- 关注异常指标。

- 保障高峰期中转场正常运作。

- 项目推进。

- 制订重点工作的行动方案。

在业务发展及岗位职责方面，要求中转场经理必须具备以下管理和计划能力，它们也是项目设计中需要重点培养的能力。

- 逻辑思维。

- 全局观。

- 做行动计划。

为达成岗位绩效目标，中转场经理在完成主要职责的过程中最常遇到的问题或困扰包括以下5个，因此要重点考虑如何帮助他们应对现实中的问题与困扰，厘清需要学习和提高的知识与技能。

- 指标同期增长过快。

- 增设地区性项目没有足够的准备时间。

- 高峰期应对措施不完善。

- KPI及行动方案的指标未完成。

- 管理工具和管理方法缺失。

### 3. 人员层面的培训需求数据分析

针对中转场经理，人员层面的培训需求数据分析如图6-3~图6-6所示，集中在年龄、学历、工作经验、职位几个方面。

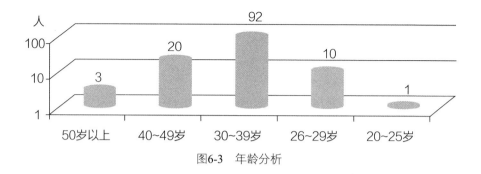

图6-3　年龄分析

由图6-3可知，30岁以上员工占比91%，能够接受长时间的课堂教学，每门课程时长为3~4小时。在线学习内容应简单实用，最好可利用微信学习，避免操作复杂。

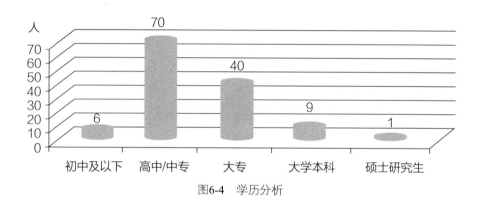

图6-4　学历分析

由图6-4可知，初中、高中、中专学历者占比60%，大专学历者占比32%，本科以上学历者占比8%，整体学历不高。课程内容开发不能过于理论化，应注重增加场景化案例，或者设计互动教学环节，既能吸引学员参与，也能让学员更好地理解所学、消化应用。考虑学员的接受度，可以本科学历为分界线实行分班教学，将学员区分为两个班级，在内容设计上区分难易程度，体现梯度性。

由图6-5和图6-6可知，拥有5年以上本公司工作经验者占比81%，有较好的企业文化认知；50%的员工有中转场工作经验，50%的员工无中转场工作经验，培训内容应侧重岗位专业知识和管理技能。

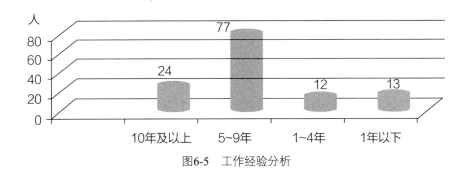

图6-5 工作经验分析

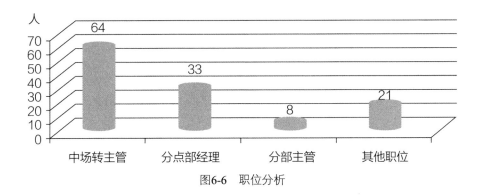

图6-6 职位分析

学习偏好分析结果如下。

- 地点：应选择户外或放松封闭的地点，如酒店。

- 时间：2~3天，最好不要在周末。

- 班级规模：一个班20人。

- 晚上：不要安排上课，可以安排团队作业、实地考察、模拟、讨论、交流等，也可以不安排任何活动。

- 授课方式：培训过程中多互动，而不只是听讲。

# 6.4
# 数据分析方法

通常情况下，在培训需求数据收集过程中需要采用问卷调研法、访谈法、文档分析法等多种方法收集数据。因此，培训需求数据具有种类繁多且数据量大的特点。在培训需求数据分析阶段，建议将数据简化为两大类别：定量数据和定性数据，从而简化数据分析方法，并确保数据分析的效率和有效性。

## 6.4.1 定量数据分析

定量数据是指能够用数值或尺度来记录的数据，如学习满意度、绩效考评分数、销售额、工资、身高、体重等。对于定量数据，可以从4个维度描述，即集中趋势测度（如均值、中位数、众数）、分散测度（如极差、方差、标准差）、相对位置测度（如上四分位数、下四分位数、$Z$分数）和对称性测度（如偏度）。针对培训需求数据分析项目的目标要求及实践意义，建议采用常规的统计分析方法即可，SPSS是常用的统计分析软件之一。针对培训需求的定量数据分析，常用的统计分析方法包含但不限于平均值、标准差、卡方检验、$T$检验、$Z$检验、相关性分析、线性回归、联合分析、群组分析、因子分析、结构方程模型。

### 1. 常用的统计学基本概念

为了确保培训需求的定量数据分析方法能够被正确地理解和应用，培训从业者应熟悉并掌握以下几个常用的统计学基本概念。

（1）平均值：一组数据的平均值。例如，计算以下5个数据的平均值：2、3、3、3、4。平均值＝（2＋3＋3＋3＋4）/5=3。

（2）中位数：一组数字的中间数字。如果这组数据有偶数个，那么中间的两个数字的中间值就是这组数字的中位数。例如，计算2、3、4、5、6、7这组数字的中位数。中位数＝（4＋5）÷2=4.5。

（3）最常见值：在一系列数据中最常见的数值。例如，在2、3、3、3、4中，最常见值是3。

（4）数据分布：一组数据中各个数值的出现频率（每个数值出现的次数）分布。例如，测试成绩是90分、80分、90分、90分、95分，那么这组数据的分布如表6-7所示。

表6-7　数据分布

| 数值 | 频率 |
| --- | --- |
| 80 | 1 |
| 90 | 3 |
| 95 | 1 |

（5）钟形分布曲线/正态分布曲线：一组数据的分布所形成的曲线。当分布属于正常的状况时，平均值＝中位数＝最常见值。也就是说，当一组数据的平均值、中位数和最常见值是同一个值的时候，这组数据就是正态分布的。

（6）百分位：一种排序方式，它的值通常由一个百分数表示。这个值可以表明一个人的得分处于一组数据中的哪个位置，并表明有多大比例的人比这个人的得分高或低。

通常并不能根据百分位判断一个人成绩的好坏。例如，我在美国研究生入学考试中某科成绩的百分位是75%，我的其他朋友的成绩百分位从45%到77%不等。那么，我的考试成绩应当是相当不错的。但也许不是，假设有10人参加这次考试，其中8人的成绩中位数是77%，1人的成绩中位数是45%，而我的成绩中位数是75%，在10人中排名倒数第二。我可能会因此认为和绝大多数人相比，我的考试成绩并不好。因此，人们并不能根据百分位来判断成绩的好坏，必须与其他参加同一场考试的人进行比较才能判断出来。即使我知道了平均成绩，也无法知道我到底考得如何。在这个例子中，平均成绩的百分位是73%，虽然我超过了平均成绩，但我并不知道其他8个人考得都比我好。

（7）标准偏差：用于表明一组数据的范围。如果这组数据在分布曲线上是紧密地堆积在一起的，通常这组数据就具有一个较小的标准偏差。但如果这组数据在分布曲线上分布得很广泛，则这组数据具有一个较大的标准偏差。

通过标准偏差可以比较不同个体之间的得分情况，从而分析判断个体之间的差异性。

仍以上文的考试为例。在这次考试中，我知道平均值和标准偏差，因此能够判断出与其他人相比我考得到底怎么样。由此，只要计算出一组培训需求数据的标准偏差，就能够把任何单一数据拿出来判断它落在分布曲线上的哪个位置，据此和其他数据做比较。

标准偏差是用来测量面积的，测量的是一定数量的钟形曲线分布的面积。在正态分布的钟形曲线中，平均值左右两边各一个标准偏差的范围占据钟形曲线内68%的面积。对任何正态分布来说，均遵循68-95-99.7法则：68%的观察值落在平均值左右两边各一个标准偏差的范围内；95%的观察值落在平均值左右两边各两个标准偏差的范围内；99.7%的观察值落在平均值左右两边各三个标准偏差的范围内，如图6-7所示。

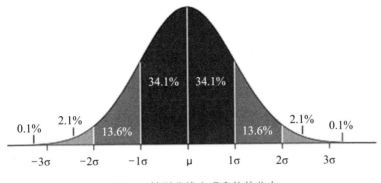

图6-7 钟形曲线中观察值的分布

标准偏差的计算公式为

$$SD = \sqrt{\frac{\sum(x-\bar{x})^2}{N-1}}$$

式中，SD是标准偏差；$\sum$ 是加总的意思；$x$是任意一个数值；$\bar{x}$是所有数值的平均值；$x-\bar{x}$是每个数值与平均值比较的偏差；$N$是数值的个数。

**案例6-2：计算标准偏差**

某公司对5名主管的沟通技巧培训需求进行了一次调研，他们分别得到7分、6分、7分、5分、5分，现在需要设计表格并计算标准偏差，如表6-8所示。

表6-8 计算标准偏差

| 调研对象 | 个人得分 $x$ | 平均分 $\bar{x}$ | 个人得分与平均分的差异 $(x-\bar{x})$ | 差异的平方 $(x-\bar{x})^2$ |
|---|---|---|---|---|
| 主管 1 | 7 | 6 | 1 | 1 |
| 主管 2 | 6 | 6 | 0 | 0 |
| 主管 3 | 7 | 6 | 1 | 1 |
| 主管 4 | 5 | 6 | −1 | 1 |
| 主管 5 | 5 | 6 | −1 | 1 |
| 合计 |  |  |  | 4 |

$$SD = \sqrt{\frac{4}{5-1}} = \sqrt{\frac{4}{4}} = \sqrt{1} = 1$$

因为平均值是6，标准偏差是1，所以该平均值之上的一个标准偏差是7，平均值之下的一个标准偏差是5。现在假设你是这5名主管中的一名，如果你知道平均值是6，标准偏差是1，你就知道与其他人相比，你的得分怎么样——在最好的16%之中。如果你的得分是5，你就知道你的得分在最差的16%之内。

由于只有5名主管的得分，数据分布的曲线并不像正态分布钟形曲线，但是同正态分布钟形曲线的原理是一样的。当你有更多的数据时，就能够得到更好的正态分布钟形曲线。

### 2. 卡方检验

卡方检验是一种用途非常广泛的假设检验方法，用来检验统计样本的实际观测值与理论推断值之间的偏离程度，实际观测值与理论推断值之间的偏离程度决定了卡方值的大小。卡方值越大，两者之间的偏离程度越高；反之，两者之间的偏离程度越低；若两个值完全相等，卡方值为0，表明实际观测值完全符合理论推断值。在培训需求数据分析过程中，可以直接计算卡方检验值，也可以参考表6-9进行卡方检验值查询。

表6-9　卡方概率表

| 自由度 | 概　率 | | | | |
|---|---|---|---|---|---|
| | 0.99 | 0.95 | 0.05 | 0.01 | 0.001 |
| 1 | 0 | 0.004 | 3.84 | 6.64 | 10.83 |
| 2 | 0.02 | 0.103 | 5.99 | 9.21 | 13.82 |
| 3 | 0.115 | 0.352 | 7.82 | 11.35 | 16.27 |
| 4 | 0.297 | 0.711 | 9.49 | 13.28 | 18.47 |
| 5 | 0.554 | 1.145 | 11.07 | 15.09 | 20.52 |
| 6 | 0.872 | 1.635 | 12.59 | 16.81 | 22.46 |
| 7 | 1.239 | 2.167 | 14.07 | 18.48 | 24.32 |
| 8 | 1.646 | 2.733 | 15.51 | 20.09 | 26.13 |

续表

| 自由度 | 概 率 | | | | |
|---|---|---|---|---|---|
| | 0.99 | 0.95 | 0.05 | 0.01 | 0.001 |
| 9 | 2.088 | 3.325 | 16.92 | 21.67 | 27.88 |
| 10 | 2.558 | 3.94 | 18.31 | 23.21 | 29.59 |
| 11 | 3.05 | 4.58 | 19.68 | 24.73 | 31.26 |
| 12 | 3.57 | 5.23 | 21.03 | 26.22 | 32.91 |
| 13 | 4.11 | 5.89 | 22.36 | 27.69 | 34.53 |
| 14 | 4.66 | 6.57 | 23.69 | 29.14 | 36.12 |
| 15 | 5.23 | 7.26 | 25 | 30.58 | 37.7 |
| 16 | 5.81 | 7.96 | 26.3 | 32 | 39.25 |
| 17 | 6.41 | 8.67 | 27.59 | 33.41 | 40.79 |
| 18 | 7.02 | 9.39 | 28.87 | 34.81 | 42.31 |
| 19 | 7.63 | 10.12 | 30.14 | 36.19 | 43.82 |
| 20 | 8.26 | 10.85 | 31.41 | 37.57 | 45.32 |
| 21 | 8.9 | 11.59 | 32.67 | 38.93 | 46.8 |
| 22 | 9.54 | 12.34 | 33.92 | 40.29 | 48.27 |
| 23 | 10.2 | 13.09 | 35.17 | 41.64 | 49.73 |
| 24 | 10.86 | 13.85 | 36.42 | 42.98 | 51.18 |
| 25 | 11.52 | 14.61 | 37.65 | 44.31 | 52.62 |
| 26 | 12.2 | 15.38 | 38.89 | 45.64 | 54.05 |
| 27 | 12.88 | 16.15 | 40.11 | 46.96 | 55.48 |
| 28 | 13.57 | 16.93 | 41.34 | 48.28 | 56.89 |
| 29 | 14.26 | 17.71 | 42.56 | 49.59 | 58.3 |
| 30 | 14.95 | 18.49 | 43.77 | 50.89 | 59.7 |

该表的使用方法：首先，确定准确率。例如，0.05（5％）的概率表明有5％的可能性差别是由偶然因素引起的，或者可以95％地确定小组之间的误差是真实存在的。其次，确定需要使用的自由度的数值并寻找与之对应的卡方值。最后，在表中找到计算所得的卡方值所处的概率区间。

如果使用知识型测验来评估培训需求，就可以做许多有趣的分析。在案例6-2中，可以分析男性员工是否比女性员工做得好，年轻的员工是否比年长的员工做得好，部门A的员工是否比部门B的员工做得好。这些信息都可以用来决定未来的培训怎样做。

从培训评估的总体得分来看，沟通技巧的培训是必需的，但假设由于女性员工的得分远高于男性员工，女性员工也许不需要进行沟通技巧的培训。但是，如何知道女性员工与男性员工分数之间的差别是由他们能力的差别而不是由偶然因素引起的呢？换句话说，是不是偶然性造成了得分差别呢？是不是由其他因素导致了女性员工在语言能力方面强于男性员工？

利用卡方检验就能够得出这些问题的答案。

## 案例6-3：卡方检验

A公司利用一套多项选择题测量表对员工进行了一次沟通技巧培训需求分析。60名男性员工的平均得分是85分，40名女性员工的平均得分是110分。通过直接对比得知女性员工的得分比男性员工的得分高。这是因为女性员工比较幸运吗？

如果这套测量表是从其他公司购买的，那么A公司应当知道通常人们参加这个评估所得到的平均分是多少。本次评估的平均分是90分。

因此，现在是否可以确定这些男性员工不走运？看一下数据：25名男性员工的平均分高于90分，35名男性员工的平均分低于90分；30名女性员工的平均分高于90分，只有10名女性员工的平均分低于90分。具体得分如表6-10所示。

表6-10　卡方检验用表

| 得分范围 | 男性员工 / 名 | 女性员工 / 名 | 行合计 |
| --- | --- | --- | --- |
| 平均分以上 | 25 | 30 | 55 |
| 平均分以下 | 35 | 10 | 45 |
| 列合计 | 60 | 40 | 100 |

注意，表6-10中的每个单元格中的数据都应当大于5，在卡方检验中，每个单元格中的数值必须大于5。

接下来计算预期分别有多少名男性员工和多少名女性员工的得分在平均分以上或以下，可以使用下面的计算公式。

$$E=C \times R \div N$$

式中，$E$是每个单元格中预期的数值；$C$是列合计的员工数；$R$是行合计的员工数；$N$是所有参加测评的员工数。

知道了每个字母的含义，预期值计算结果如表6-11所示。

表 6-11　预期值计算结果

| 得分 | 男性员工 / 名 | 女性员工 / 名 | 行合计 |
| --- | --- | --- | --- |
| 平均分以上 | 25（33） | 30（22） | 55 |
| 平均分以下 | 35（27） | 10（18） | 45 |
| 列合计 | 60 | 40 | 100 |

- 得分为平均分以上的男性员工对应的单元格中的预期值是：$E=60 \times 55 \div 100=3300 \div 100=33$（名）。

- 得分为平均分以下的男性员工对应的单元格中的预期值是：$E=60 \times 45 \div 100=2700 \div 100=27$（名）。

- 得分为平均分以上的女性员工对应的单元格中的预期值是：$E=40 \times 55 \div 100=2200 \div 100=22$（名）。

- 得分为平均分以下的女性员工对应的单元格中的预期值是：$E=40 \times 45 \div 100=1800 \div 100=18$（名）。

然后使用以下公式计算每个单元格的卡方。

$$\chi^2 = \sum \frac{(O-E)^2}{E}$$

式中，$\chi^2$是卡方；$O$是观察到的值；$E$是预期值；$\sum$是加和。

将表6-11中的值代入公式可得：

$$\chi^2 = \frac{(25-33)^2}{33} + \frac{(35-27)^2}{27} + \frac{(30-22)^2}{22} + \frac{(10-18)^2}{18}$$

$$= \frac{(-8)^2}{33} + \frac{8^2}{27} + \frac{8^2}{22} + \frac{(-8)^2}{18}$$

$$= \frac{64}{33} + \frac{64}{27} + \frac{64}{22} + \frac{64}{18}$$

$$= 1.94 + 2.37 + 2.91 + 3.56$$

$$= 10.78$$

接着计算自由度。自由度是一个统计术语。它是指当把一些数字输入表中时，只有一定数量的数字可以变动。在本例中，把第一个数字输入表6-11，只有一个数字可以变动，因为行合计和列合计的数字是固定的。

计算自由度的公式如下。

自由度＝（行数–1）×（列数–1）＝（2–1）×（2–1）=1

最后查一下表6-9中的卡方数值。当自由度为1时，卡方数值10.78在6.64和10.83之间，并且十分接近10.83。这表明女性员工和男性员工之间差距的原因只有不到0.01（1%）的可能性是偶然因素。换句话说，造成女性员工和男性员工之间差距的原因有99%的可能性不是偶然因素。

## 6.4.2　定性数据分析

定性数据是一组表示事物性质、规定事物类别的文字表述型数据，不能将其量化，只能将其定性。相比定量数据分析，定性数据分析的复杂度更高，难度系数更大。定性数据分析方法有很多，包括但不限于表6-12所列的几种。

表 6-12　定性数据分析方法

| 定性数据分析方法 | 定性数据分析方法 |
|---|---|
| • SWOT分析法<br>• 紧急–重要性分析法 | • 任务分析法<br>• 风险评估法 |

| 定性数据分析方法 | 定性数据分析方法 |
|---|---|
| • 绩效差距分析法<br>• 团队列名法<br>• 三方验证法<br>• 欣赏式探寻法<br>• 鱼骨图法<br>• 德尔菲法<br>• 因果分析法 | • 趋势分析法<br>• 交互影响分析法<br>• 力场分析法<br>• 质量功能部署法<br>• 故障树形分析法<br>• 分析成效图 |

上述定性数据分析方法不是同一个维度的分类,而是从不同角度、不同应用场景出发列举的常用方法。针对培训需求的定性数据分析,从数据分析的可操作性及结果的精准性来看,建议在数据分析方法论框架的选择上,采用绩效差距分析法与柯氏四级评估法相结合的方法(定量数据分析也参照这种方法)。同时,在数据分析操作流程和执行方式的选择上,建议采用团队列名法。将这3种方法配套使用,能够确保培训需求分析过程的高效率及分析结果的准确度。

### 1. 绩效差距分析法

利用绩效改进技术,针对培训需求的相关数据进行组织战略目标分析、业务结果目标分析、绩效差距分析、根因分析,从而判断相关的绩效问题或未来的业务挑战是不是培训能够解决的。在数据分析过程中,围绕上述绩效差距分析的相关维度进行数据归类和编码。数据分析人员需要反复询问自己:是什么造成了当前绩效和预期结果之间的差距?培训是最佳解决方案吗?数据分析人员需要意识到,对培训的需求(如员工的工作失误、生产率下降、冒犯客户、团队成员未如期完成任务、公司的核心人才投奔了竞争对手等)不一定需要通过培训满足。

在许多情况下,人们可能只看到了表象,没有看到导致问题的根源。培训看上去是解决组织中出现的问题的最具逻辑性和最直接的方案,但是在这个问题被确定为真正的问题之前，尤其是在没有证实绩效问题或风险隐患产生的根本原因是能力不足的情况下，不能认为培训就是最佳解决方案。例如，员工对安全措施置若罔闻，可能并不是因为他们没有意识到安全的重要性，而是因为他们没有相应的安全设备，或者主管没有留给他们充分的时间去这样做；销售人员没有完成客户联系报告，可能是因为他们缺乏最新的软件；在咨询台值夜班的员工对打电话的客户态度很不好，可能是因为值夜班的人手不够，忙不过来；公司的核心人才投靠了竞争对手，可能是因为他们在公司经常需要加很长时间的班。在确定培训能够带来多少改变之前，找到根本原因是重中之重。

### 2. 柯氏四级评估法

如果数据分析结果表明，导致问题的根本原因是知识、技能的缺失，则培训是解决这类问题非常有效的一种手段。只有在这种情况下，培训需求数据分析才需要进一步分析与诊断应该提供什么培训、怎样提供相关培训及培训的实施能够带来什么价值和成果。为了论证是否应该采用培训这种干预手段来解决问题，全球无数企业和组织做了很多研究与实践。结果表明，在培训需求分析过程中建立相应的培训价值证据链是一个行之有效的方法。数据分析人员需要从原始数据中找到充分的证据来证明培训是解决相关问题或满足利益相关方诉求的一种有效举措。为此，数据分析人员需要为下列4个维度的问题找到充分的数据依据。

- 培训期望解决的问题/达成的业务结果（业务目标）是什么？

- 培训的行为化期望（培训结束后期望学员改变的关键行为）是什么？

- 培训期望学员掌握的知识、技能和态度是什么？

- 期望采用什么方法或策略开展培训？

当上述4个维度的问题均有充分的数据依据支撑和佐证时，则表明该需求值得进行相应的培训资源投入。否则，对该需求不应该予以支持，或者应该将其纳入次优先级的培训需求范畴。

### 3. 团队列名法

团队列名法是一种讨论和决策的方法，尤其适用于小组形式的讨论和决策。在小组讨论中，采用环形闭合结构最大限度地收集所有成员的意见，避免研讨过程被少数人控制。在培训需求定性数据分析过程中，当由2人及以上组成数据分析小组时，采用如图6-8所示的团队列名法进行数据分析和研讨，能节省数据分析的时间成本，提高分析效率和分析决策的质量。

| 1 | 2 | 3 | 4 | 5 | 6 |
|---|---|---|---|---|---|
| 小组准备 | 每个人独立思考，将关键词写在便笺上 | 每人轮流说一条意见 | 澄清问题，小组讨论 | 集体（小组）决策 | 公布与汇报结果 |

图6-8 团队列名法

（1）小组准备。第一，将所有培训需求的定性数据进行整理和清洗，把需要纳入数据分析的相关数据进行汇总，并统一文件格式。建议将相关定性数据整理成可修改的Excel文件，便于后续的数据编码。尤其是在数据量很大的情况下，将数据输入Excel中有助于提高后续数据阅读和数据编码的速度与准确度。第二，数据分析小组成员就如何进行任务分工达成共识。一种方式是小组成员"背靠背"进行数据分析，即每个小组成员均单独完成全部数据的阅读、编码和初步分析。这种方法的优点是分析结果准确度高，缺点是耗时长。另一种方法是小组成员进行任务分解，各自负责一部分数据进行分析。该方法的优点是节约时间，但可能导致数据分析结果出现偏差。

（2）每个人独立思考，将关键词写在便笺上。首先，每位数据分析人员针对定性数据进行阅读和编码。遵照绩效差距分析法和柯氏四级评估法的流程、层级、维度进行数据编码，形成关键词。然后，将关键词写在便笺上，每张便笺上仅写一个关键词或一个观点。

（3）每人轮流说一条意见。由小组负责人或志愿者担任引导师角色，带领每个小组成员轮流说出自己的分析结果，每人每次只允许说一条。此环节不涉及任何讨论和点评。

（4）澄清问题，小组讨论。本环节进行提问和问题澄清，对于复杂的或有争议的问题，允许展开充分研讨和论证。

（5）集体（小组）决策。按照绩效差距分析法和柯氏四级评估法的框架维度，将分析结果进行分类、组合或拆分。

（6）公布与汇报结果。对分析结果进行汇总呈现，同时可以再次将分析结果与培训需求原始数据进行对照论证，确保原始数据与分析结果之间的逻辑关系准确。

### 案例6-4：天潭国际金融业务板块培训需求分析 🔍

金融业务是业务升级、重点推动的战略业务。天潭国际旗下的W银行经过5年多的发展，逐渐发展成为一家全国性金融企业。随着公司战略的调整，W银行对营业网点的布局重心由繁华的商业中心向居民生活区转移。这种转移的成功使银行业务大幅增长，但也带来了新的挑战。每天办理业务的客户数量和业务笔数非常大，柜面营业员的日常工作压力很大，更糟糕的是客户服务满意度非常低。

**1. 通过调研发现引起客户不满的情形**

（1）客户在一个窗口前等待了很长时间，却被告知要去别的窗口办理业务。

（2）客户等待时间过长，大厅经理和营业员没有任何关注，客户产生急躁情绪。

（3）客户等了很长时间，办理业务时被告知材料准备不足，或者未填写申请表格等。

（4）客户来到窗口前，营业员没有任何问候，等客户先说话。

（5）客户办理完业务还未离开，营业员就用语言和目光招呼下一位客户。

（6）客户坐到窗口前，营业员却继续低头做手头的工作，或者不做解释地离开岗位处理其他事情。

（7）当客户填写表格不完整、不准确时，银行没有提供任何指导和帮助。

（8）营业员服务不热情，特别是在面对有疑问的客户、赶时间的客户时。

## 2. 现场观察

（1）营业厅自助缴费终端少，一些自助缴费终端出现故障不能用。

（2）电子渠道知晓率和使用率不高，95%的问题解决得不彻底，将人流引向营业厅。

（3）咨询人员主动服务意识不强，缺乏分流和安抚客户的技巧。

## 3. 上级领导/人力资源部门访谈

（1）银行营业员仅满足于完成各自的岗位职责，主动服务意识较差，不主动迎接客户，普遍"不会笑"，无声服务，这已经成为银行柜面服务的通病。受理业务时，往往是前来的客户主动向营业员问候。

（2）重业务、轻服务的思想普遍存在。柜面营业员只"忠实"地操作手头的业务；客户经理仅"关心"自己的客户。目前，银行营业员还没有把自己定位为银行业服务员。大家一般都具备银行业务知识和内部操作技术，却较少懂得待客之道和服务技巧。营业员是在做业务，而不是在做服务。在这种心态下，大家往往忙于操作手头的业务，关注自己的熟客。当客户前去办理业务时，往往发现柜员要么表情严肃、机械地叫道："下一位！"要么在低头忙于手中的业务，不理人，很少像其他服务行业员工那样主动热情，微笑迎客。

（3）营销团队的营销意识不强，团队优势未能充分发挥。银行往往按岗定职，未形成良好的服务文化，员工往往借风险防范、任务到人等理由只做自己的工作。柜面营业员"按章办事，各扫门前雪"，客户经理"单打独斗，各自为政"。客户可能认可某个员工、个别网点，却较难对整个银行"感觉不错"。

### 4.分析培训需求

结合以上内容，应用表6-12提供的定性数据分析方法，分析本案例中的培训需求。参考表6-13中的分析示例，将表补充完整。

表6-13　天潭国际金融业务板块培训需求分析

| 需求分析步骤 | 需求分析事件 | 具体内容 |
| --- | --- | --- |
| 1. 培训需求提出的背景分析 | 分析背景信息 | ● 金融业务是天潭国际业务升级、重点推动的战略业务。天潭国际旗下的W银行随着公司战略的调整，将营业网点布局重心由繁华的商业中心向居民生活区转移。这种转移的成功使银行业务大幅增长，但也带来了新的挑战。每天办理业务的客户数量和业务笔数非常大，导致柜面营业员日常工作压力非常大，更糟糕的是客户服务满意度非常低 |

续表

| 需求分析步骤 | 需求分析事件 | 具体内容 |
|---|---|---|
| | 调研目标学员，获得需求信息 | • 对于不确定如何做的调研，需要补充说明 |
| | 调研目标学员直线经理、人力资源部等，获得需求信息 | • 银行营业员仅满足于完成各自的岗位职责，主动服务意识较差<br>• 重业务、轻服务的思想普遍存在<br>• 营销团队意识不强，团队优势未能充分发挥 |
| | 如有必要，调研企业高层管理者，获得需求信息 | • 建议补充高管调研 |
| 2. 培训需求的信息收集 | 其他需求信息的收集：相关的文件资料、参考资料等 | 调研情况：<br>• 客户在一个窗口前等待了很长时间，却被告知要去别的窗口办理业务<br>• 客户等待时间过长，大厅经理和营业员没有任何关注，客户产生急躁情绪<br>• 客户等了很长时间，办理业务时被告知材料准备不足，或者未填写申请表格等<br>• 客户来到窗口前，营业员没有任何问候，等客户先说话<br>• 客户办理完业务还未离开，营业员就用语言和目光招呼下一位客户<br>• 客户坐到窗口前，营业员却继续低头做手头的工作，或者不做解释地离开岗位处理其他事情<br>• 当客户填写表格不完整、不准确时，银行没有提供任何指导和帮助<br>• 营业员服务不热情，特别是在面对有疑问的客户、赶时间的客户时<br>现场观察情况：<br>• 营业厅自助缴费终端少，一些自助缴费终端出现故障不能用<br>• 电子渠道知晓率和使用率不高，95%的问题解决得不彻底，将人流引向营业厅<br>• 咨询人员主动服务意识不强，缺乏分流和安抚客户的技巧 |

续表

| 需求分析步骤 | 需求分析事件 | 具体内容 |
|---|---|---|
| 3. 培训需求<br>的信息分析 | 培训能够解决的问题<br>（如知识、技能和态度）<br>（使用团队列名法） | |
| | 培训不能解决的问题<br>（使用 ASTD 绩效改<br>进模型 HPI 和团队列名<br>法） | |
| 4. 培训需求<br>的厘清和细化 | 培训期望解决的问题／<br>达成的业务结果（业务<br>目标）<br>（使用团队列名法） | |
| | 培训的行为化期望<br>（培训结束后期望学员<br>改变的关键行为）<br>（使用团队列名法） | |
| | 培训期望学员掌握的<br>知识、技能和态度<br>（使用团队列名法） | |
| | 培训需要采用的策略<br>和方法<br>（使用团队列名法） | |

## 💡 实操建议

（1）关于培训需求数据分析，常见的问题是把注意力仅集中在员工个体层面，导致需求分析结果片面、浅层次。为了避免这一问题，可采用 Goldstein 模型的逻辑框架，对数据进行 3 个层面的分析，即组织层面、工作层面、人员层面。

（2）组织层面、工作层面、人员层面的培训需求数据分析之间有一定的关联关系，但不是包含与被包含关系，也不是交叉关系。在实践中，应注意避免出现顾此失彼、避重就轻的情况。组织层面的培训需求数据分析是为了基于组织战略分析，诊断待培训的关键对象群体及组织层面的意义；工作层面的培训需求数据分析是为了确定达成业务结果所需要满足的标准和要求；人员层面的培训需求数据分析是为了了解员工个体的绩效水平、能力水平和学习风格偏好，从而匹配最佳培训策略、学习方法和培训资源。

（3）培训需求数据分为定量数据和定性数据。为了提高数据分析的效率和精准度，建议定量数据分析和定性数据分析均采用绩效差距分析法和柯氏四级评估法作为分析方法框架指引。定量数据分析可采用SPSS统计分析软件；定性数据分析可采用团队列名法。

# 07

第7章

# 撰写培训需求分析报告

撰写培训需求分析报告的目的不仅是描述培训需求分析的过程和结果，也是为进一步确定人才培养目标、制订培训计划提供管理决策依据和关键信息输入。报告撰写的质量既反映调研的广度和深度，也反映培训部门对组织目标及业务发展的理解程度，以及在此基础上识别与诊断问题、提供专业解决建议的能力。

# 7.1
# 培训需求分析报告的内容

培训需求分析报告一般采用文档形式，以充分、翔实地介绍分析的内容与要点。为了节省时间，也可以采用清单的形式列出成果和决策信息。具体选择哪种形式，根据公司的管理要求与习惯决定即可。一份合格的培训需求分析报告应该涵盖以下主要内容。

- 没有达到标准的工作任务。

- 预期的绩效水平和当前的绩效状况。

- 造成绩效问题的原因总结。

- 原因是如何确定的。

- 可能的培训解决方案。

- 用来确定投资回报率的详细的成本-效益分析。

较为正式的培训需求分析报告通常应该包括5个模块：概述、数据收集、数据来源、数据分析和建议解决方案，如图7-1所示。

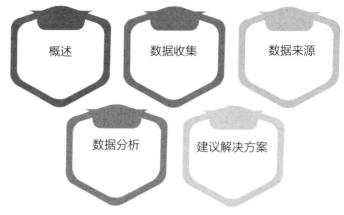

图7-1　培训需求分析报告的5个模块

## 7.1.1　概述

概述是对整个培训需求分析报告要点的概括，包括需求调研的背景、目的、组织与分工、调研起止时间，以及涉及的人员、部门或组织。通过概述部分，读者可以快速知晓报告的主旨与要点。由于培训需求分析报告属于客观的调研总结类材料，概述部分的行文表述既要客观务实，也要有一定的高度，体现需求分析的价值与重要性。

## 7.1.2　数据收集

需求分析的有效性建立在调研信息的全面性与准确性之上，如果基础数据和信息准确性不高，分析结果往往会出现偏差，造成不必要的人、财、物的浪费。调研方法与工具是否科学、合理，直接影响基础数据的质量。因此，需要对所采用的调研方式及工具做出说明，针对问卷调研法，应说明发放问卷的形式、数量及有效回收率等；针对访谈法，应介绍受访者人数、类型；针对文档分析法，应说明所研究文档资料的来源等。涉及定制开发调研工具的，可适当说明工具设计的依据和逻辑。

### 7.1.3 数据来源

培训需求调研数据来源分为内部和外部两个渠道，内部数据来源包括管理层会议材料、绩效考核结果、公司公开文件等；外部数据来源包括客户方、供应商或公开的报告与报道宣传等。

### 7.1.4 数据分析

对组织、工作、人员3个层面分析的结果做剖析与说明。组织层面，应包含因为组织转型、业务模式创新、重点业务需要或企业文化落地与融入等，对组织现有人员能力水平、能力配置提出的要求；工作层面，应包含员工为达到绩效标准以及弥补现有差距所需的能力提高需求；人员层面，应包含因为业绩短板、任职要求或职业发展，对培训培养的诉求。这3个层面的数据分析主要回答公司战略和业务发展的目标与期望、当前状况与预期水平的差距、造成绩效缺陷与不足的原因，以及确定这些原因的依据。

### 7.1.5 建议解决方案

该部分的内容描述建议分为两个板块：培训解决方案和非培训解决方案。针对培训解决方案，需要清晰地描述培训干预手段能够为组织解决哪些问题、带来什么价值和收益，以及提高和改善哪些知识、技能与态度等。针对非培训解决方案，根据调研实际情况，提出应对的建议和意见即可，不需要做详尽的描述。

清晰的事实依据、简明的分析结论、直观的呈现形式及针对性的解决方案，可以显著提升需求分析报告的说服力。与此同时，在培训需求报告撰写过程中还需要综合考虑以下内容。

（1）对组织而言，所识别和界定的培训需求重要程度如何。

（2）受该培训需求影响的目标学员有多少。

（3）与该培训需求相关的安全保障。

（4）与该培训需求相关的法律、认证和其他法规政策。

（5）该培训需求如果实施，将如何影响目标学员的实际工作（尤其是客户服务）。

（6）该培训需求与其他需求的关联（该培训需求是否为实现其他诸多需求的基础）。

## 案例7-1：培训需求报告编制

一个多月来，培训中心的项目小组成员忙前忙后，有的负责查阅公司发展战略报告、重要会议文件等资料；有的负责整理上千份线上调研问卷，清理无效信息，检索要点；有的针对不同业务单元开展访谈，广泛、深入地听取业务部门的意见，通过不同的渠道收集大量数据。

编制培训需求分析报告是调研阶段关键的"最后一千米"。为了向公司高层清楚地说明培训需求分析报告的可靠性，为来年工作的开展尽可能争取支持与资源投入，针对调研成果该如何呈现，赵总向项目组提出了要求，统一了规范的做法，强调了以下几项基本原则。

- 务必交代清楚本次项目的目的和意义。

- 要重点突出、条理清晰，用数据说话。

- 分析要有深度，覆盖组织、工作、人员3个层面。

- 对于待提升点，要提出针对性的解决方案和措施。

培训需求分析报告模板如表7-1所示。

**表 7-1　培训需求分析报告模板**

1. 概述
　1.1 总论
　1.2 分析的背景
　1.3 分析的目的和目标
2. 数据收集
　2.1 采用的方法
　2.2 使用的工具
3. 数据来源
　3.1 人力资源（内部和外部）
　3.2 数据源（报告、流程等）
　3.3 客户资源
4. 数据分析
　4.1 绩效根源分析
　　4.1.1 绩效标准
　　4.1.2 绩效缺陷
　　4.1.3 造成绩效缺陷的原因
　　4.1.4 绩效缺陷带来的后果
　4.2 组织层面分析
　4.3 工作层面分析
　4.4 人员层面分析
5. 建议解决方案
　5.1 培训解决方案
　　5.1.1 培训目标
　　5.1.2 目标学习者
　　5.1.3 描述
　　5.1.4 可能带来的益处
　　5.1.5 可能产生的问题
　5.2 非培训解决方案
　　5.2.1 理由
　　5.2.2 描述
　　5.2.3 可能带来的益处
　　5.2.4 可能产生的问题
　5.3 其他解决方案和意见

# 7.2

# 培训需求分析报告的呈现

呈现培训需求分析报告是整个培训需求调研与分析阶段的收官工作，除总结整个过程外，更主要的目的是让公司领导、业务负责人能够全面地了解相关情况及调研结果，为下一步制订培训计划做好铺垫，获取他们的支持并达成共识。

然而，工作中我们经常见到一些内容本身不错的培训需求分析报告却以糟糕的形式呈现，以至于不被管理层接受；而一些内容简单、罗列式的培训需求报告却因为呈现得很好被管理层接受。作为培训管理者，大家都知道高质量地展示与呈现培训需求分析报告的重要性，为什么结果却不尽如人意？

通常情况下，培训管理者都侧重培训需求的专业性，着重应用测评工具、开展有效的访谈和利用复杂的统计技术来计算与分析数据，以为如此一来数据就会为自己说话，忽略了对研究分析结果呈现的思考与关注。因此，对培训管理者而言，基本且关键的能力是将分析结果表达得有意义、有思想、有说服力，并将所隐含的内容表达清楚。通常情况下，培训管理者需要向决策层、中层管理者（目标学习者的上级）及目标学习者呈现分析结果，因为他们对分析结果有各自不同的期望。

## 7.2.1　向决策层呈现

向决策层呈现培训需求分析报告，无论以书面形式还是以口头形式，都讲究简洁明了、重点突出，过于细节、微观的内容，特别是操作层面的内容应尽量避免。请决策层反馈与确认的核心在于，培训需求分析中关于组织层面的分析是否真正契合组织战略、组织需求，以及决策层对项目的预期，这关系到培训需求分析方向的正确性，可以及早避免出现南辕北辙的结果。

　　要想在有限的时间内清晰地说明要点，培训需求分析报告在呈现方式上要图文并茂，配以简明直观的图表、幻灯片等突出核心，尽量不要使用决策层不熟悉的专业术语。按照图7-2所展示的5个步骤执行，可以使整体呈现做到不枝不蔓、条理分明，在最短的时间内帮助决策层把握重点。

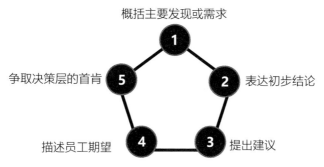

图7-2　向决策层呈现培训需求分析报告的步骤

### 1. 概括主要发现或需求

　　先概括培训需求分析报告的主要发现或需求，简要说明培训需求分析的流程，这里只需概述要点，不要过于扩展。这与正常谈话交流的一般规律相同。试想，当听众对一件事情还没有整体的基本印象时，马上就面对各种细节，难免会产生疑惑或没有耐心往下听。

### 2. 表达初步结论

　　在概述要点的基础上，可以依据需求提出符合逻辑的结论。如果调研结果显示相关层级的管理者或员工群体在工作中遇到了很多难题，需要将这一点如实地向决策层呈现，但培训管理者要考虑呈现的策略性，既要尊重事实，又要避免生硬刻板地简单摆出各种问题。决策者只有接收到真实、有效的信息，才能正确地做出决定。

### 3. 提出建议

该部分内容应作为分析报告的重点。经过前期调研与数据分析，得出可靠、经得住检验的结论后，应该从专业的视角提出专业的建议，甚至提出创造性的解决方案。有的需求需要通过培训手段进行干预，有的需求通过培训并不能得到满足，哪怕是后者，在事实充分的基础上也应该有相应的建议，只是建议的背后要有支撑性的依据。

### 4. 描述员工期望

在这一步需要清楚地告诉决策层，员工对这次培训需求分析所期望产生的效果。因为参与了调研，所以员工会表达不同的想法和诉求，期待公司和培训管理者能为他们做些什么，如果调研后决策层并没有任何动作，什么事情都不做，对员工的工作积极性可能会产生消极的影响。

### 5. 争取决策层的首肯

如果呈现需求分析报告的目标是得到决策层对培训方案的首肯，那么在呈现过程中要询问决策层对方案的意见。即使方案不被认可，也是完全可能和合理的。如果在呈现过程中有机会更自然、恰当地询问，一定不要错过。另外，呈现报告的目的可能是争取公司的资金支持，或者聘请外部的讲师实施一些培训，或者达成由种子学员教授其他员工的意见，或者邀请种子学员同意参加培训的开场，或者同意给所有参训员工写一封邮件以表达参加培训的重要性……无论哪种目的，保证呈现报告的高质量，都能事半功倍。

## 7.2.2  向中层管理者呈现

在培训需求分析报告的呈现汇报环节，邀请中层管理者参加，特别是邀请业务部门负责人参与到需求分析结果的讨论中来，了解对方的看法，形成共识，将有助于培训计划的落地应用及参训者更好地接受日后的培训。上述向决策层呈现分析报告的相关建议，对中层管理者同样适用。例如，掌控好汇报时间，不使用令中层管理者感到陌生的专业术语，使用幻灯片等视觉辅助工具等，对任何听众群体都有效。在呈现时，呈现者可以采用图7-3所展示的5个关键步骤进行有效的需求结果汇报，前3个步骤与向决策层汇报的前3个步骤相同，由于呈现目的不完全相同，因此后2个步骤有所不同。

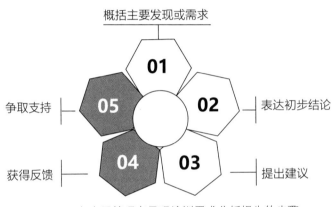

图7-3　向中层管理者呈现培训需求分析报告的步骤

### 第4步是获得反馈。

这个步骤是特别为鼓励中层管理者表达对培训需求分析结果及对未来培训落地实施的建议反馈而设定的。在大多数情况下，中层管理者会针对培训需求分析结果给予一些反馈或补充建议。来自中层管理者的反馈建议可能比较趋同，比较认同需求分析结果；也可能反对甚至抵触需求分析的结果。即使中层管理者持反对意见，呈现者也要保持开明开放的心态。一定要给予中层管理者充分的机会，让他们公开地表达意见和建议，并且认真地聆听与回应他们的意见和建议。事实上，允许他们表达自己的感受，有助于降低他们情绪上的抵触，减少情绪化的思考。这也会告诉培训管理者，应当在会后给予谁更多的时间去获得对方的支持。这一步还可以帮助报告呈现方说服个别对培训需求分析结果持保留态度的中层管理者。

**第5步是争取支持。**

在这一步，报告呈现方希望与会的中层管理者能够对未来的活动有所承诺并且承诺越多越好，因为这是未来培训成功的基础。获得中层管理者支持的最好方法之一，就是让他们参与到制订培训实施计划中来。培训管理者可以问中层管理者这样一个问题："如果我们准备实施这个培训，您有什么建议能够让培训做得更成功（还需要添加什么内容吗）？"

如果公司条件允许，可以将中层管理者分成4~6人一组，请他们分别回答下列3个问题。

（1）为了确保未来培训的成功，现在应当开始做哪些事？

（2）为了确保未来培训的成功，现在应当停止做哪些事？

（3）为了确保未来培训的成功，现在应当继续做哪些事？

## 7.2.3　向目标学习者呈现

向目标学习者呈现，通常由中层管理者来执行。因此，在向中层管理者呈现培训需求分析结果的会议中，培训方需要向中层管理者表明和约定这项工作。中层管理者向目标学习者呈现培训需求分析结果的主要目标是通知目标学习者培训需求分析的结果。这样做的好处是帮助目标学习者更好地接受基于这些结果的培训。针对培训需求分析结果中的非培训需求，中层管理者也可以借助会议与员工沟通和确认后续的解决方法及下一步的行动计划。中层管理者可以采用四步法开展需求结果沟通会议，如图7-4所示。

### 1. 解释会议目的

为了介绍会议的目的，中层管理者可以将以下内容作为开场白。

- "我们今天的会议目的是让你们知道人力资源部/培训部的培训需求分析结果。同时希望能够从你们那里得到一些关于培训需求分析结果的看法。"

- 强调没有人会被批评（如果合适的话），可以用一句很正面的话来说："对于我们如何能够做得更好，我希望能够给你们一些建议。"

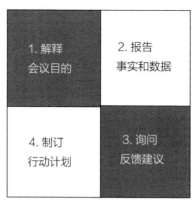

图7-4 向目标学习者呈现培训需求分析报告的步骤

### 2. 报告事实和数据

这一步应当包括主要的培训需求分析结果、初步的结论和建议。

### 3. 询问反馈建议

在会议中设置询问反馈环节的作用在于：第一，目标学习者可以通过这种方式表达自己对培训需求分析结果的看法和感受，从而不会对解决问题和参加培训产生逆反心理；第二，目标学习者可以提出非培训解决方案来解决问题；第三，目标学习者可以对培训的时间安排提出相应的建议。在这一步，中层管理者可以问目标学习者以下问题。

- 你对这份培训需求分析报告有什么看法？

- 这份报告的哪些部分你同意？哪些部分你不同意？

- 你有哪些关注的事情在这份报告中没有被提及？

- 如果实施这次培训，你认为可能会有什么问题？

### 4. 制订行动计划

假设目标学习者是中层管理者下属的小组负责人/主管，他们可能会在这一步提出他们所关心的问题并没有在这份报告中提及，或者提出解决这些问题的方案，或者提出未来培训可能造成的一些问题。这些讨论可以通过制订一个行动计划，由经理和小组负责人共同完成。

## ▌💡实操建议 ▌

（1）向公司决策层呈现培训需求分析结果时，培训需求分析报告是一种有效的方式，但要避免将注意力过多地集中在需求分析的专业介绍上，如使用了哪些专业工具、如何实施访谈，或者展现不同形式的图示等。报告的唯一目的是通过有意义的、具有说服力的内容，将分析结果表述清楚。培训部门在撰写培训需求分析报告的全过程中应始终清楚需要向公司决策层表达什么，最希望他们了解与接受什么，以及培训如何满足公司的需求，所有对分析工具、专业知识的应用都是为了这个目的。只有深刻地认识这一点，才能避免本末倒置、喧宾夺主。

（2）中层管理者的参与是保障培训效果的重要力量，很多培训项目或设计之所以失败，共性的原因之一在于中层管理者缺位，更多的是由培训部门自编自导的。培训部门如果希望中层管理者做出更多的贡献，就要在培训需求分析阶段尽可能邀请他们加入，即在培训起步阶段努力与对方建立业务合作伙伴关系。

**08**

第8章

# 盘点学习资源

通常情况下，培训管理者习惯在完成培训需求分析之后直接进入培训计划制订阶段。为了确保培训计划既能够充分响应和匹配培训需求，又能够保障培训计划在执行落实阶段具有充足的资源配置，建议在分析培训需求与制订培训计划之间设置一个衔接环节：盘点学习资源。该阶段工作侧重3个方面的盘点与总结：第一，年度培训总结；第二，分析与规划培训资源；第三，分析及申请预算。

# 8.1
# 年度培训总结

年度培训总结在培训工作中具有承上启下的作用，既是对当年开展工作的回顾与复盘，也是制订下一年培训计划的指导和依据，重在总结经验、反思不足、提出优化建议和措施，为来年工作打好基础。因此，年度培训总结不能简单地停留在客观事项的罗列上，而要在尊重客观事实的基础上做进一步思考。

年度培训总结要从培训收益的角度进行陈述与分析，包含图8-1中的5个基本要素。

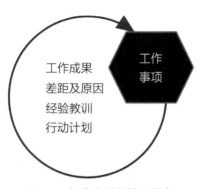

图8-1　年度培训总结五要素

（1）工作事项。组织投入资源必然需要产出，因此应在年度培训总结中说明一年的培训工作中做了哪些重点工作、项目或活动；对应已经明确的培训计划，说明计划中重点工作的完成情况。

（2）工作成果。针对"做了什么"，要说明"带来了什么结果"，即产生的实际效果与收益，可从人员培养、业务问题解决、绩效改进、企业文化传承、知识管理等不同维度来说明。对可量化的，用数据表达；对不可量化的，要有充分的事实佐证。

（3）差距及原因。针对未完成的目标，分析差距及原因，如计划制订得不合理，计划分解与执行监控过程中存在不足，资源、环境影响计划的落地实施，团队与人员的能力存在不足等，从主客观两个维度进行总结与说明。

（4）经验教训。为便于后续工作的开展，应说明哪些好的做法需要沉淀与延续，哪些不足之处应该避免或改进，在方法、技术、资源、思维认知层面，哪些地方可以加强。在深入思考的基础上进行分析提炼，形成可以持续沿用的标准化且规范化的方法、流程、工具、模板、表单等。

（5）行动计划。基于本年度工作开展中的经验与反思，围绕组织战略与业务发展明确下一步如何发挥培训的价值与作用，确定工作重点及标准。

# 8.2
## 分析与规划培训资源

培训资源在整个培训体系运行中具有不可替代的作用与价值。培训资源的内涵和外延主要回答3个问题：学习什么？怎么学？为什么学？通常情况下，培训资源包含但不限于内容资源、讲师资源、设备设施资源、供应商。无论是单个项目还是年度培训计划，为了避免培训资源配置不足或冗余，必须首先分析与规划培训资源，明确可利用的资源或存在的缺口。

## 8.2.1 内容资源

内容资源是培训资源的重要构成，关系到组织中各类别、各层级的人员需要学什么的问题。针对内容资源的规划与盘点，可按照以下3步展开。

### 1. 定义清楚内容资源分类的标准和视角（方式）

内容资源划分的标准和方式没有绝对的好与差，也没有所谓的对与错，而是取决于企业对人才培养的目标及企业自身的文化偏好。如表8-1所示的3种分类是各类型企业或组织中较为常用的分类方法。

表 8-1　内容资源分类

| 分类视角 | 分类举例 |
| --- | --- |
| 认知视角 | ● 知识类<br>● 技能类<br>● 态度类 |
| 业务场景视角 | ● 通用技能类<br>● 通用管理类<br>● 领导力<br>● 岗位专业提高<br>● 企业文化 |
| 学习策略视角 | ● 微课<br>● 面授精品课<br>● 案例<br>● 在岗带教手册<br>● 工具/模板/表单 |

### 2. 盘点内容资源

根据既定的和共识的内容资源划分标准，可应用表8-2，从数量、质量和结构分布3个维度进行内容资源的盘点。例如，既定的内容资源划分标准是按照学习策略进行分类，则需要针对微课、面授精品课、案例、在岗带教手册、工具/模板/表单分别进行盘点。以微课为例，需要盘点有多少门微课，每门微课的质量如何，已有微课分别适用于哪些类别、哪些层级的受众群体等。

表 8-2　内容资源盘点

| 类别 | 数量 | | | 质量 | | | 结构分布 | | |
|---|---|---|---|---|---|---|---|---|---|
| | 实际 | 期望 | 差距 | 实际 | 期望 | 差距 | 实际 | 期望 | 差距 |
| | | | | | | | | | |
| | | | | | | | | | |

### 3. 评估与规划内容资源

针对内容资源的盘点结果，从数量、质量、结构分布3个维度分析、判断内容资源的充分程度。对内容资源充分程度的衡量标准，是动态的、相对的。内容资源充分与否，要看其能否满足组织战略目标和业务结果目标的需要，而且要动态地看待内容资源在数量、质量和结构分布合理性上是否满足当前和未来的需要。如果已有内容资源与实际需求（培训需求分析的结果）之间存在差距，则需要进一步规划如何补充资源。内容资源的补充方式有两种，一是从外部采购；二是通过组织经验萃取进行自主开发。无论是前者还是后者，都需要考虑成本、时间周期、专业经验具备度等因素。内容资源的盘点结果将作为培训计划制订的决策信息。针对存在短缺情况的内容资源，如何进行相应的补充，也将被纳入培训计划的工作事项列表中。

## 8.2.2　讲师资源

讲师资源在培训资源盘点与规划中占有重要的地位。与内容资源盘点的方法和流程类似，讲师资源的盘点也分为3个步骤。

### 1. 讲师资源分类

讲师资源的分类以内容资源的分类作为基础和前提。例如，内容资源按照表8-1中的业务场景进行分类，则讲师资源也按照业务场景进行分类。

### 2. 讲师资源盘点

针对每个类别的讲师，从数量、质量及结构分布3个维度进行盘点和总结。讲师盘点的方法和流程与表8-2所示的内容资源盘点接近。但是，关于讲师的数量、质量、结构分布3个维度的盘点，不能只是简单地考虑讲师在某门课程或某类课程上的准备充分程度，还需要盘点讲师队伍的等级水平及不同等级讲师的任用导向。

实践中通常把讲师分为两大类：内部讲师和外部讲师。内部讲师又可细分为认证讲师和非认证讲师（如由企业高管担任讲师、特邀分享嘉宾等）。在管理成熟度较高的企业，会对认证讲师进行等级评定和管理，形成初级讲师、中级讲师、高级讲师梯队。不同等级的讲师具有不同的任用导向；初级讲师需要承担基本的授课任务；中级讲师除具备授课能力外，还需要具备课程内容资源开发能力，包括通用类或有一定难度的专业类、管理类课程等；高级讲师则需要具备带教或辅导新教员的能力。

### 3. 选择与规划讲师来源

讲师资源的盘点是为了给培训计划的制订提供决策依据。对于讲师资源短缺的部分，需要评估和规划讲师资源补给策略。可以将讲师来源分为4个类别，即外部讲师、外部专家、内部专家认证讲师、内部高管，如图8-2所示。培训管理者可以从选择面大小、成本高低、权威性高低、新知识更新速度快慢等维度进行讲师来源的选择与规划。

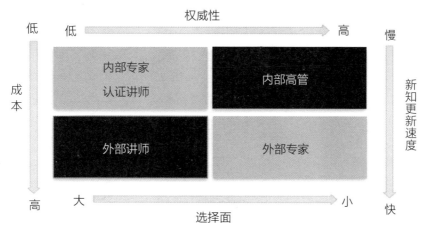

图8-2 讲师来源选择与规划

## 8.2.3 设备设施资源

设备设施资源规划包含但不限于公司内部场地使用率分析、外租场地性价比评估与分析、外部场地适用不同人群的资源盘点与分析、数字化学习平台盘点与规划等。除此之外,还包括培训资源配置和设备设施采购,如投影仪、摄像机、录音机等硬件支持与投入。

内容资源、讲师资源及设备设施资源的规划在年度培训计划的制订中缺一不可,任何一部分缺失或考虑不周到,都有可能影响甚至制约年度培训计划的实际落地与执行。

## 8.2.4 供应商

对于任何企业或组织,培训资源要么来自自主开发和自给自足,要么来自非自主供给,即供应商供给。供应商可能来自企业或组织外部,也可能来自企业或组织内部的兄弟单位和业务单元。供应商供给可能涉及内容资源、讲师资源、设备设施资源的供给。随着培训专业领域的细分,筛选培训专业产品和服务的供应商时可参考以下标准综合考虑。

（1）专业度。在筛选供应商时，供应商的专业度应作为首要筛选条件，占决策权重的35%。供应商的专业度可以从其对企业培训需求的理解程度、理论来源及其体系性、成功案例等维度进行考评。

（2）价格。在供应商筛选中，价格占25%的决策权重。虽然价格是一个需要重点考虑的因素，但培训管理者需要在价格与培训目标的达成两者之间找到一个最佳平衡点。一方面要避免认为价格越高，培训产品和服务的质量越高的观念；另一方面要避免"唯低价"采购，从而导致培训质量不满足培训目标。

（3）沟通顺畅度。沟通顺畅度是项目运营效率的一个评价指标，沟通是否顺畅直接影响项目运营效率。

（4）响应时间。响应时间的快慢对培训项目的运营效率和运营效果影响较大。

（5）口碑。这是从侧面了解供应商的一个维度，可以通过市场、网络了解供应商评价，也可以请供应商提供其服务过的客户信息，通过打电话、发邮件了解客户的真实反馈，确认供应商的口碑。

筛选供应商时，可以根据企业实际需要，参照供应商评分表（见表8-3），再增加个别评判标准，如供应商公司的成立时间、公司规模、顾问数量、同行业客户服务经验等。当然，在最终选择时，以上标准需要根据培训项目的情况进行排序或设置决策权重，培训项目更看重哪个标准，就将哪个标准的决策权重设置得高一些。通过评分表对供应商进行打分评价，筛选最契合要求的供应商。

表 8-3 供应商评分表

| 序号 | 筛选标准 | 决策权重 |
|------|----------|----------|
| 1 | 专业度 | 35% |
| 2 | 价格 | 25% |
| 3 | 沟通顺畅度 | 15% |
| 4 | 响应时间 | 10% |
| 5 | 口碑 | 10% |
| 6 | 其他 | 5% |

# 8.3
# 分析及申请预算

## 8.3.1 年度培训预算的定义

年度培训预算包括年度培训费用总量、费用使用方向、预算管理机制和规定等，具体包含培训场地费用（不含内部场地使用费用）、讲师费用、差旅食宿费、培训道具及奖品费用、书籍费用、培训系统申购或维护费用、公开课费用等，一般不包含学员参加学习所耗费的工作时间成本。

每家企业的年度培训费用都是有限的，要让有限的预算花在刀刃上，需要设计科学合理的培训计划，选择合适的培训对象、培训内容与培训形式。

## 8.3.2 年度培训预算的制定

巧妇难为无米之炊，在制订年度培训计划时，首先要考虑预算问题。如果培训预算不能支持培训计划，年度培训计划将面临无法落实到位的风险。编制培训预算时要充分考虑企业的实际情况，不同的企业有不同的年度培训预算制定方法，一般有以下4种。

### 1. 培训计划决定培训预算

先制订培训计划，根据计划要求推算培训预算，再根据企业的实际承受能力对预算做调整。

### 2. 培训预算决定培训计划

企业事先划定培训预算范围，如按企业上年度纯利润的3%计算或按照年度员工工资的一定比例计提等，再根据预算的限制与范围进行培训计划的制订或调整。这种培训预算的制定可使用以下3种计算方法。

（1）比较法，参考同行业的培训预算总额，取人均培训预算。

（2）人均法，以部门或培训项目来分配培训预算，人均分配数额仅作为培训预算的一种计算方法。

（3）推算法，根据企业历史数据，制定培训预算时参考上一年或前几年的培训预算，根据现实情况做局部调整。

### 3. 预算分解

划定人力资源部全年的费用总额，包括招聘费用、培训费用、社会保障费用，其中培训费用的额度由人力资源部自行分配。

### 4. 零基预算法

零基预算法（Zero-Based Budgeting，ZBB）是由美国德州仪器公司的彼得·菲尔于1970年提出的，首先由佐治亚州政府采用，取得了很好的成效，之后为企业界广泛使用。零基预算法不考虑过去的收支项目和收支水平，以零为基准编制预算。零基预算法的优点在于，把企业活动和企业培训目标紧密结合起来，真正做到目标导向，从根本上避免了为培训而培训的低效行为。但是，采用这种方法对管理者的要求非常高，审查每个项目是极其繁重的工作，所投入的人力、财力、物力较大，安排项目优先次序时难免带有一定的主观性。

采用零基预算法，需要按照既定的编制和审批程序，通过流程与标准的规范化，更好地促进预期目标的达成。

（1）审查预算前，项目主管必须明确组织的目标，并将长远目标、近期目标、定量目标和非定量目标之间关系的优先次序梳理清楚，建立一套可考核的目标体系。

（2）审查预算时，一切活动从零开始。凡是要求在下一年度开展的活动或项目，都必须递交可行性分析报告，以证明其有存在的必要性，并提交具体的计划，说明各项开支要达到的目标和效益。

（3）确定重要事项后，根据建立的目标体系重新排出各项活动或项目的优先次序。

（4）编制预算，按重新排出的优先次序分配资金，尽可能满足排在前面的活动或项目的需要，当资金紧张时，可暂时放弃一些活动或项目。

运用零基预算法编制培训预算时，要注重分析以下几个层面的问题。

- 组织的目标：组织的目标是什么？按照企业目标分解到每位员工身上的KPI是什么？员工的认知、知识、能力离组织的要求有多远？培训要达到的目标是什么？

- 培训收益：各项培训课题能获得什么收益？这项培训是不是必要的？

- 方案比较：可选择的培训方案有哪些？有没有比目前的培训方案更经济、更高效的方案？

- 培训次序：各项培训课题的重要次序是什么？

从企业实际情况出发采用合适的方法，做好培训预算制定过程管控，避免内部各种不必要费用的支出，有利于提高项目主管的计划、预算、控制与决策水平，更有利于将组织的长远目标、培训目标、培训效益三者有机结合起来。

## 8.3.3 年度预算的分配

对培训管理者而言，培训预算不足，工作开展会面临掣肘。如果有符合计划甚至非常充足的预算，则需要综合考虑与细致规划，进行科学合理的资源分配。

制定培训预算时可能会采用人均预算的方式，但在预算分配环节，基本不会按人平摊，通常适用20/80法则，即20%的人是企业的重点培训对象，包括中高层管理者、关键技术人员、营销精英及业务骨干等，他们获得的培训资源约为培训总费用的80%，也有些企业将70%的培训费花在30%的员工身上。站在组织层面思考投入与产出，这有一定的合理性。

对于管理类培训，预算重点集中在企业的中高层管理者身上，这和管理本身的特性有关，因为企业的中高层管理者更应该成为企业管理理念的传播者和管理方法的创新者。对于基层管理者和普通员工，他们通常倾向于适应上级的管理理念和方法。因此，提高中高层管理者的管理能力，对提高企业整体的管理水平具有决定性影响，也能直接、有效地带动员工队伍能力与绩效的显著提高。

对于专业技术类培训，培训预算通常集中在企业专业技术骨干或重要且紧缺的后备人员身上，这既有利于加速专业技术人员的培养与梯队建设，也是对专业技术骨干的有效激励。通过他们向其他团队成员进一步赋能，建立良性循环，为企业培养内生力量，以持续满足业务发展的需要。

影响企业培训费用投放方向与比例的因素有很多，可总结为4点：组织所在行业的特性、组织所处的发展阶段、高层管理者对培训的重视程度、组织对培训的认识。通常情况下，组织处于快速发展阶段，管理层对人才培养有充分的认识，培训工作本身具备一定的基础和成熟度，则企业在培训资源投入方面有相对较大的空间和优势。

关于预算总额，国际企业的培训预算总额一般占上一年度总销售额的1%~3%，最高达7%，平均为1.5%。国内多数企业都低于0.5%，甚至不少企业在0.1%以下。培训预算总额也可以根据企业工资总额来计算，一般按总薪酬的1.5%计提。

## 8.3.4 培训成本控制

企业对任何投资都会进行成本效益分析，培训工作同样如此。能否通过合理、有效的培训成本控制实现效益最大化，是检验培训管理者专业能力及资源协调等综合能力的重要维度之一。

培训总成本由直接成本和间接成本两部分组成（见表8-4），前者指在培训组织和实施过程中直接用于培训者与受训者的费用总和；后者指在培训组织与实施过程之外企业所支付的各项费用的总和。其中，通过合理规划可以有效控制的成本为可控成本，反之则为非可控成本。

表 8-4 培训成本的构成

| 成本类型 | 成本构成 |
| --- | --- |
| 直接成本 | • 讲师（包括内部讲师或外聘讲师）授课费<br>• 培训场地费：休息室、培训教室、活动室、会议室、参观场地等费用（大多产生在租用外部场地的情况下）<br>• 培训设备费用、材料费用等<br>• 课程制作费用、教材（包括讲师及学员所用教材）费用 |

续表

| 成本类型 | 成本构成 |
|---|---|
| 直接成本 | • 参训人员及培训组织人员的交通费、餐费、住宿费等<br>• 项目所需的奖品及人员激励费用等 |
| 间接成本 | • 参训学员和培训组织人员的工资、福利等<br>• 因参加培训而减少的在岗工作的机会成本<br>• 一般培训设备的折旧和维保费用 |

　　清楚成本的构成、成本的主要影响因素及合理控制成本的方式方法，对培训管理者具有非常现实的作用和意义。例如，对不同培训项目的成本进行分析比较，或者在培训项目设计、实施、评估及过程管理阶段更有计划地进行资源分配，对项目中不同群体、小组的费用投入及价值产出进行对比分析，正确地做出判断与选择，使资源投入价值最大化。

　　随着信息技术和数字化学习在培训中的广泛应用，培训管理者应发挥线上培训的优势，特别是在受众人数多、地域分布广、培训内容需重复学习的情况下，用敏捷轻量、内容规划合理、系统化的线上培训形式代替线下集训，是有效控制培训成本、提高资源利用率的首选，使培训工作的开展随需而变，提高培训质量。

　　此外，有效控制成本的一个非常重要且着眼长远的举措是加强企业内训，打造企业内训师队伍，建立传播与激励机制，形成企业内生的组织知识与经验传播力量。在大多数情况下，对于企业所进行的培训，在企业内部就可以找到合适的培训者，将他们选拔出来并进行适当的专业训练，再由他们对其他学员进行培训，可以达到很好的培训效果。对于领导力或某些通用课程等企业内部无法满足的内容，可外聘讲师对内部人员进行培训赋能，从学员中选择合适的人，结合企业实际进行课程内化，逐步减少对外部资源的依赖，从而降低培训成本投入。

## 💡实操建议

（1）企业内训师队伍规划应坚持立足现实、面向未来，契合当下及业务动态发展的需要。内训师资源盘点，不仅要盘数量，更要盘质量、盘结构，将内训师能力划分为不同的等级，形成互补。在此基础上，企业创造条件，培训部门搭建平台，利用年度计划中不同的项目或活动，为内训师提供实践锻炼、培训输出、竞争较量和能力提高的机会。内训师数量不足或冗余，甚至有名无实，都不利于企业培训的良性发展。盘点资源应避免单独在某个点上发力，只有将选、用、育、激不同手段相结合，才能促动内训师队伍发挥更大价值。

（2）课程资源库的建立和持续优化，需要培训部门进行系统规划和考量。初始阶段，要做好课程分类，采用标签式管理可以避免不同类别、不同质量层次的内容被简单汇总和堆积，使资源调用或更新优化有明确的指引和计划性。对于企业内有一定人员规模且重要度较高的岗位，在条件允许的情况下建议系统地规划课程体系，逐步推广应用，扩大受益面，边建设、边使用、边充实、边完善，使课程资源库和课程开发资源库形成动态的循环。

第9章

# 编制年度培训计划

经过需求调研、数据收集与分析、出具需求分析报告、盘点学习资源几个环节，年度培训计划制订工作即将到达终点线，即编制年度培训计划。

作为最后一步，编制年度培训计划是培训部门经历"望闻问切"后提供解决方案的关键环节，不仅要将前期分析结果进行实际应用，用以指导下一年的工作开展，也是向企业管理层进行总结汇报，呈现分析结果、专业建议及下年度培训工作思考与侧重点的机会，其重要性不言而喻。

# 9.1 "全面可视"的年度培训计划

年度培训计划的质量取决于前期需求分析工作的质量，围绕组织、工作、人员3个层面的需求分析做得越全面、深入、透彻，编制年度培训计划就越有理有据。此时培训部门已掌握了不同类别的大量信息，但编制年度规划时要注意以简代繁，以清晰的条理、逻辑代替信息的堆积。

## 9.1.1 制订年度培训计划的原则

制订年度培训计划需要坚持4项基本原则（见图9-1），每项原则是否能执行到位，都将直接影响培训计划的质量及发挥的作用。

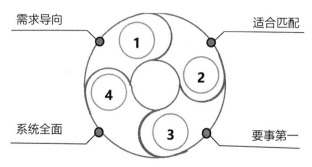

图9-1 制订年度培训计划四原则

### 1. 需求导向

制订年度培训计划应以真实的需求为基本依据。这里的真实需求主要指在详细调研与数据分析基础上的培训需求诊断结果，而非简单地由业务部门提报或培训部门根据往年经验推断的需求。只有真正做到需求导向，培训计划才能"适销对路"，实施过程才能获得培训需求提出方的认可、参与及支持。

一些企业已有学习地图和课程体系，可以将其作为需求分析的一个来源与输入，不过不能完全照搬，将其作为唯一的需求分析依据。不加区分地、简单地根据学习地图按图索骥，犹如刻舟求剑，这样的年度培训计划容易出现滞后性，不能紧跟业务的需求，缺失必要的培训内容等。

### 2. 适合匹配

制订年度培训计划，对培训部门及组织而言，没有最好的，只有最合适的，包括培训资源的配备，对人、财、物及时间的掌控与调度。同样，就培训方式而言，线上培训与线下培训无所谓孰优孰劣，集中培训与行动学习也难分高下。选择哪种方式取决于哪种方式最能匹配需求。因此，无论是培训主题、内容设置、培训形式、教学设计、时间安排，还是资源分配等，都以保障年度培训计划可落地、可执行为基本原则。

### 3. 要事第一

作为指引培训部门开展全年主要工作的"导航"，编制培训计划应首先明确将哪些内容作为重点、哪些内容作为次重点；对重要内容和计划应如何匹配资源，以保证关键事项按计划顺利执行。判断重点工作的核心依据在于其对组织战略和绩效目标的影响度及关联性，以及在多大程度上能够支持组织战略的实现和绩效目标的达成。一旦确定了重点工作，在年度培训计划中就要将其予以特别清晰的呈现与说明，做好人、物、实施时间等方面的具体计划。

### 4. 系统全面

年度培训计划是对年度需求分析结果的衔接与回应。需求分析既覆盖组织、工作、人员3个层面，也面向组织内各层级、各类别人员，通过多维度、系统性的调研收集与分析数据。因此，培训部门基于需求分析结果制订年度培训计划，在聚焦重点的同时，应清楚有哪些利益相关方，以及他们对培训的诉求，并在计划中合理兼顾与满足，突出重点，体现系统性，为年度培训计划的顺畅落地筑牢基础。

## 9.1.2 "全面可视"的年度培训计划九步法

图9-2展示了一份"全面可视"的年度培训计划样例，以简明直观的形式说明了下年度培训工作的设想与重点，以及从人、财、物、时间维度分解细化的实施计划。之所以采用"全面可视"的形式，有以下3个原因。

第一，年度培训计划是与企业沟通的一种工具。作为营利性组织，任何企业在花钱时都会考虑值不值得花，以及投入产出比如何。因此，培训部门需要向企业提供有说服力的依据，充分展示培训工作的不可或缺性，让企业相信培训投入的收益，并经批准获得各类必要且关键的资源支持，包括核心的培训预算。

第二，年度培训计划的简短性与全面性使人易于理解、容易接受，更容易获得高层管理者的支持。清晰简明、重点突出的内容和形式，远胜于无实质意义的文字堆积，越是面对高层管理者汇报，越需要厘清逻辑，抓住关键。

第三，年度培训计划能让高层管理者迅速了解培训能为组织战略的核心问题提供哪些服务与价值，用"一页纸"回答做什么、什么时间做、谁负责、成本与预算执行进度、完成结果、对企业的战略支持等。

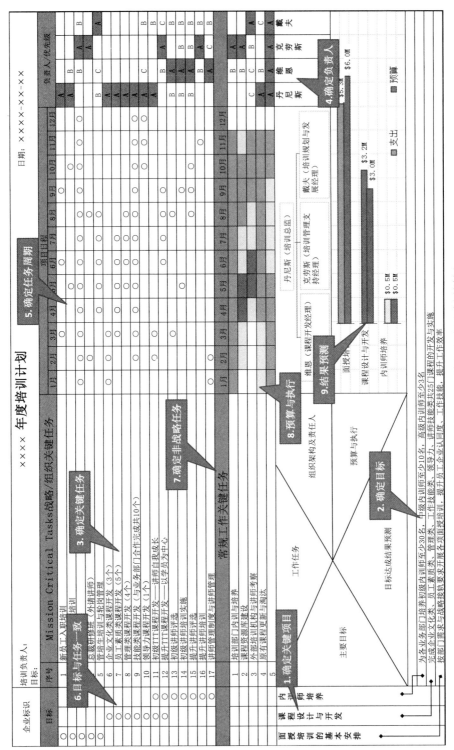

图9-2 "全面可视"的年度培训计划样例

"全面可视"的年度培训计划是在需求导向、适合匹配、要事第一、系统全面的原则指引下，通过如图9-3所示的9个步骤制订的，确保培训计划不出现方向偏差、逻辑混乱、信息遗漏、板块冗余等问题。

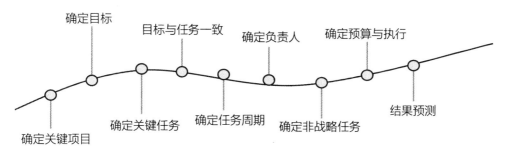

图9-3　"全面可视"的年度培训计划制订九步法

### 1. 确定关键项目

在年度培训计划的整个周期内，确定有哪些是需要重点投入的培训项目。选择关键项目时，应从多维度评估，如与组织战略的契合度、领导重视程度、需求紧迫性、人才培养规划、重点业务、员工个人发展需求、上年度工作的延续等。

### 2. 确定目标

确定期望每个关键项目达到的重要目标，目标设定应尽量符合SMART原则，能量化的就量化，不能量化的则以定性描述界定清楚。以内训师项目为例，需要明确为哪些部门或哪些条线培养多少名内训师，以及内训师需达到什么样的能力水平（是具备授课技能，能够承担授课任务，还是具备内容开发技能等）。通过定性、定量的方式，企业将衡量关键项目绩效产出的标准明确下来。确定目标的原则如表9-1所示。

表 9-1　确定目标的原则

- 具体的而非笼统的
- 不过度复杂
- 具备可测量性、可验证性
- 程度适当，有挑战性
- 现实可行
- 在资源允许的范围内
- 与组织规划、目标一致

### 3. 确定关键任务

关键任务是指实现目标必须做的事，将直接影响"全面可视"的年度培训计划的落地实施。例如，针对内训师队伍建设设定子任务，可以是针对内训师进行能力提高培训，建立内训师激励政策，建立内训师选拔任用制度与流程等，通过分解关键任务，找到推动关键项目达成的过程支点。确定关键任务的原则如表9-2所示。

表 9-1　确定关键任务的原则

- 任务必须和目标相关，并且是必要的
- 为便于管理，每项任务都要明确下来，以便与其他任务区分开来
- 能够清楚任务开始与结束的时间节点
- 根据实践经验，每个月对应2项任务较为合适
- 任务书写应尽量避免行话、缩写词等难以理解的词与句子

### 4. 目标与任务一致

该步骤是为了确保关键项目目标与关键任务之间保持协调一致，起到相互支撑的作用。判断的标准和依据为：关键任务的完成能支撑关键项目目标的达成。相反，如果某项关键任务的完成不能支撑关键项目目标的达成，说明该项关键任务不需要纳入关键项目，或者在年度培训列表中，有的子任务被遗漏，没有被纳入其中。

### 5. 确定任务周期

是否能如期完成任务是评判业绩好坏的重要依据。每项关键任务都要有完成的起止时间，并且与责任人沟通、共识、确认和承诺。例如，在内训师队伍打造任务中设有TTT课程开发子任务，根据培训对象的人数选择集中培训、分班培训或分阶段培训。如果选择分阶段培训，应明确分别在哪些月份培训，以及最终的完成节点，既要保证关键任务实施的衔接性，又要考虑时间划分的合理性。

### 6. 确定负责人

所有关键任务都要责任到人。一项关键任务的负责人可以不止一位，但尽量不超过三位。一定要区分主要责任人、重要参与者及轻度参与者，可以用不同的颜色或符号标识区分清楚，确保权责明确。选择负责人时，个人意愿及完成该关键任务的能力水平是重要的参考依据，以过往有类似工作经验者为最佳人选，多人负责时要考虑团队的融洽性与配合度。此外，需要建立"沟通门"，保障同一关键任务的负责人之间的沟通，同一目标不同关键任务的负责人之间的沟通，以及不同目标的负责人之间的定期沟通。

### 7. 确定非战略任务

年度培训计划中不仅要包括关键项目、关键任务，还要包括当下看起来与组织战略目标不直接相关，不能即时见效，但从中长期来看对培训工作良性运行非常重要的部分，通常指与培训体系建设相关的基础性、必要性工作与任务，如培训管理者能力提高、培训管理制度优化、评估标准建设、包括工具开发在内的培训效果评估体系构建等。这些工作当下并不紧迫，因此很容易被忽略，为避免培训工作到一定阶段缺少章法和系统性，年度培训计划要兼顾这些工作，循序渐进地做好优化与完善工作，筑牢培训工作的根基。

## 8. 确定预算与执行

预算直接关系年度培训计划的执行，既要筹划预算总额度、使用方向，也要思考和明确如何将预算总额度分解到不同的板块或任务、项目中，并明确预算的来源及具体执行时间。由于企业类型与实际情况不同，各企业的培训预算管理存在一定的差异，无论预算掌握在培训管理部门还是财务部门，确定预算与执行计划都是必不可少的基本工作。

## 9. 结果预测

企业投入了组织资源，就一定会要求实现某种结果和质量。随着企业对培训效果的日益重视，从决策层到业务部门都会关注开展培训到底有什么作用。因此，在编制年度培训计划时，只有提前分析项目效果，思考企业和业务方的价值诉求，用目标牵引过程，才能让年度培训计划实实在在地落地，得到企业和业务方的参与及支持。对目标达成结果的预测可以让高层管理者理解所有模棱两可的事情，澄清所有的疑问，避免所有潜在的误解。无论是采用书面表达方式还是采用口头表达方式来呈现结果预测，都应做好以下3个方面的工作：第一，使用完整的句子进行目标达成结果预测，这样既简洁又无疏漏；第二，针对结果预测做出所有必需的解释，不要再附加其他页码或图表，管理者是不会阅读的；第三，在达成结果预测时，可以包括计划实施某个培训项目的原因、方式及期望。

以上9个步骤环环相扣，每个步骤都不能跨越或省略。完成这9个步骤的过程，类似特殊的沙盘推演，是培训管理者在下一年付诸行动前头脑中的分析和预演。提前计划和预演，能够更加顺利地收获预想的结果。随着业务的发展，在实际执行年度培训计划的过程中，培训部门可能会面临来自企业或业务部门的临时性需求和任务，这时由于年度主体工作和重点已经确定，培训部门可以更从容、敏捷地响应，有的放矢地应对，发挥协同与支持作用。

# 9.2
## 选择并设计关键培训项目

年度培训计划一旦确定，指导企业培训工作开展的全局性部署即拉开帷幕。如果把年度培训计划比作培训管理部门的作战地图，关键培训项目就是在排兵布阵的过程中需要集中火力与弹药的阵地。通过严谨地设计关键培训项目，可使年度培训计划发挥应有的作用。因此，应界定和识别哪些属于关键培训项目。

### 9.2.1　选择关键培训项目

聚焦图9-4中的8个维度，可以有效地识别关键培训项目，在预算允许的范围内，合理进行资源排布，把好钢用在刀刃上。

图9-4　关键培训项目的选择维度

在实际应用环节，可由培训管理部门与业务方或项目需求的发起方共同从这8个维度分别打分，根据分值高低确定优先级，如表9-3所示。

表 9-3　关键培训项目评分表

| 项目 | 完全匹配/重要/紧迫……（5分） | 很匹配/重要/紧迫……（4分） | 中等匹配/重要/紧迫……（3分） | 较不匹配/重要/紧迫……（2分） | 很不匹配/重要/紧迫……（1分） | 完全不匹配/重要/紧迫……（0分） |
|---|---|---|---|---|---|---|
| 战略匹配 | | | | | | |
| 直属领导重视程度 | | | | | | |
| 提升绩效 | | | | | | |
| 重点业务 | | | | | | |
| 需求紧迫性 | | | | | | |
| 人才规划 | | | | | | |
| 员工发展需求 | | | | | | |
| 上年度工作延续 | | | | | | |

　　按照关键培训项目评分表，将8个维度的评分结果进行加总并从高到低排序。根据企业业务发展的现状特点，如果其中某个或某几个维度更重要，则可以对每个维度赋予不同的权重，权重越大的维度得分越高，说明该项目的价值与必要性越大，在此基础上计算总分，筛选出最重要、最紧迫的项目。如果在培训项目优先排序过程中出现总分相等的情况，则以重要维度得分最高的项目作为优选项目。需要说明的是，判断哪些为最重要的维度，并不是由培训管理部门单方面确定的，需要听取业务负责人及企业管理层的意见，与企业管理层进行确认。确定组织培训资源的重点投放方向，既要从专业角度确定衡量标准，也要考虑企业的软环境及文化土壤，考虑非技术层面的因素，如项目涉及对象在企业内的影响力、话语权等。

　　尽管所覆盖的对象和项目的侧重点不同，但经识别锁定的关键培训项目都具备一个共同点，即上接企业战略，下接绩效，所培训赋能的对象对企业短期、中期、长期业务目标的实现具有举足轻重的作用。

## 9.2.2 设计关键培训项目

锁定关键培训项目后，要进行项目规划与设计，项目设计质量直接决定了项目目标能否实现。由于已经做好了培训需求分析、梳理建立培训价值证据链、盘点学习资源等一系列准备工作，项目设计至此已水到渠成，获取了充分的信息输入。

针对关键群体设计高质量的培训项目，无论在组织层面还是在部门层面，都具有不容置疑的价值。逻辑严谨、形式灵活多样、有可靠的价值证据链支撑的高质量项目，能够提高组织人才培养的成才率，缩短人才培养周期，并形成企业内生的人才培育能力，持续不断地为企业供应优秀的人才。同时，由于能够精准地聚焦火力，重点项目的开展有清晰的目标指引，资源调配有高度计划性，可以从源头避免与组织需求的偏差，实现关键对象的培训培养有章可循，培训部门的工作也更加系统化、流程化，有效沉淀组织经验，建立并形成成熟的人才培养机制。

关键培训项目的设计要基于组织战略，要求企业有清晰的发展目标，以此为原点从宏观到微观进行四层次分析，如图9-5所示。

图9-5 关键培训项目设计的四层次分析

### 1. 分解组织战略

通常采用平衡计分卡，从财务、客户、内部运营、学习与成长4个方面进行分析，洞察核心的组织能力要求，并分析哪些方面可以通过培训进行干预并得到提高。

### 2. 定位项目价值

首先从宏观定位着手，根据企业发展目标及业务规划，从横向上不同的群体、纵向上各业务条线与专业序列等，分析企业对人才的需求，进一步识别对业务影响最直接、重要的对象群体。

对企业而言，关键群体的界定并不是一成不变的，会伴随业务的发展发生变化，而处于快速发展阶段的企业，更是对关键人才有持续的、强烈的需求。面对数量、质量或结构上的不足与差距，培训部门需要从企业实际出发，分析弥补不足与差距的方式——采用内部培训或外部招聘。一旦将内部培训的对象范围确定下来，培训项目就基本明确了目标学员。

项目设计的目的是为目标学员服务，每个关键培训项目都是培训部门打造的产品，需要将客户导向、产品思维贯穿项目设计的始终。因此，培训部门需要聚焦定位，进一步分析目标学员的特点，包括学习偏好、适宜的培训时间与方式、期望与诉求等，以及期望目标学员通过培训在知识、技能与认知层面提高的程度和展现的结果。

### 3. 描述成功愿景

培训工作的核心是为企业绩效服务，关键培训项目集中了企业的优势资源，更应该按照以终为始、价值为先的思维进行设计，明确界定项目成功的标志或标准，包括培训后能够为企业带来怎样的业务结果改善、学员应该发生哪些行为上的改变、独立完成哪些工作事项，以及对团队或企业做出哪些直接或间接贡献。通过描述清晰成功愿景，企业向利益各方呈现开展项目的必要性及价值。

### 4. 确定项目类型

项目目标不同，培训的方式、内容及整体设计规划往往有较大的差异性。例如，针对培训对象，培训目标有提高专业能力、提高通用能力、提升心态认知、转变思维习惯等，目标不同，培训形式、时间周期、培训模式等有不同的选择，也决定了项目类型的选择，如短训、在岗辅导带教、行动学习、长周期训战、外部参访、短期脱产培训，或者不同培训类型的组合。

项目类型既取决于项目目标，也要充分考虑成年人的学习特点，尊重成年人的学习规律。为培训从业者所熟悉的"721"学习法则，认为成年人的学习70%来自实践与真实的工作和生活经验；20%来自反馈及对榜样的观察和学习；10%来自正式培训，如面授培训、在线培训、移动学习等。"721"学习法则重点强调了4点：学习主体非常重要；学习的本质是实践；反馈是不可或缺的环节；同伴是非常重要的学习资源。因此，设计关键培训项目不能局限于面授这一种手段，而要根据实际情况有针对性地加入轮岗、教练、导师制、行动学习、跨界交流、复盘等不同的形式，以有效调动学员的主动性和积极性，并真正促进学员理解和掌握所学知识，学以致用。了解并熟练应用基础学习理论，可以恰当地指导实践，帮助培训部门和培训管理者更好地培养出符合组织发展需要的高绩效人才。

在关键培训项目设计的实践过程中，为了避免方向出现偏差，同时确保项目设计逻辑清晰，建议采用如表9-4所示的关键培训项目设计模板。该模板既结合了图9-5中的关键培训项目设计四层次分析的结果，也融合了确保关键培训项目成功的培训价值证据链设计。

表 9-4　关键培训项目设计模板

| 战略性优先目标 | |
| --- | --- |
| 关联 KPI | 1.<br>2.<br>3. |
| 绩效差距（目前技巧与期望绩效的差距） | 1.<br>2.<br>3. |
| 影响因素<br>（知识/技能、动机/激励、资源/工具、结构、流程、信息） | 知识/技能：<br>动机/激励：<br>资源/工具：<br>结构：<br>流程：<br>信息： |
| 关键能力<br>（知识、技能、态度） | 知识：<br>技能：<br>态度： |
| 学习解决方案 | 1.<br>2.<br>3. |
| 学习结果或产出<br>（行为改变及业务结果） | |
| 学习方式及效果转化措施 | |

## 💡 实操建议

（1）无论是采用"全面可视"的年度培训计划，还是采用符合本企业格式规范的年度培训计划形式，都要确保能充分展示培训部门对下一年度培训工作的计划和思考，使业务部门或上级管理者清楚地知道哪些是关键项目，为什么要开展这些项目并投入资源，要达到什么目标，以及相应的任务计划是什么，通过把握关键点，使年度培训计划始终围绕组织战略和业务发展主线展开，从而确保培训工作不仅服务于业务，也创造价值，即帮助业务创造价值。

（2）经过培训需求分析的各个环节，尽管已有充分的信息输入和依据，针对关键培训项目的选择，培训部门仍然应该尽量避免单方面做决定，尽可能让业务方参与其中，根据关键项目评估表中的不同维度，邀请业务部门一起评分，或者先行打分评价后，再请业务部门审核，听取对方的意见。经过双方确认的结果，更加符合业务实际，也更容易在实施环节落地执行，获得业务部门的参与和支持。

（3）关键培训项目的设计始终要兼顾组织、工作及人员3个层面的期望，坚持"以终为始"的原则，为关键培训项目建立相应的培训价值证据链，从而确保所设计的培训项目能够有效地落实。

# 参考文献

［1］ASTD.Learning system module 3: improving human performance [M].
Alexandria:ASTD press，2003.

［2］ASTD.Learning system module 3: improving human performance [M].
Alexandria:ASTD press，2006.

［3］BARBAZETTE J.Training needs assessment:methods,tools and
techniques[M].San Francisco:Pfeiffer，2006.

［4］CHAN J F.Designing and developing training programs [M].San Francisco:
Pfeiffer,2010.

［5］DAVE G, EDWARD G D. Maximize the return on your training investment
through needs analysis[J]. Minneapolis:Training and Development Journal,
1984（8）：42-47.

［6］BRANSON R K. Interservice procedures for instructional systems
development: executive summary and mode [M].Tallahassee: Center for
Educational Technology, Florida State University, 1975.

［7］DULWORTH M, BORDONARO F. Corporate learning : proven and

practical guidelines for building a sustainable learning strategy [M].San Francisco: Pfeiffer, 2005.

[ 8 ] HARLESS J.An ounce of analysis（is worth a pound of objectives）[M]. Newman: Harless Performance Guide,1970.

[ 9 ] HAROLD D S, ERICA J K. Handbook of human performance technology [M].2nd ed.San Francisco: Pfeiffer，1999.

[ 10 ] KIRKPATRICK J D, KIRKPATRICK W K.Training on trial: how workplace learning must reinvent itself to remain relevant [M]. New York: AMACOM, 2010.

[ 11 ] LEATHERMAN D.The training trilogy: conducting needs assessment, designing programs, training skills [M]. 3rd ed. Amherst, MA: HRD Press, 2007.

[ 12 ] MAGER R, PIPE P. Analyzing performance problems [M].3rd ed. Atlanta: Center for Effective Performance.1977.

[ 13 ] SCHWARZ R. Hiring good facilitators [J]. Training and Development, 1995,49（5）:67.

[ 14 ] WATKINS R, KAUFMAN R.An update on relating needs assessment and needs analysis [J].Performance Improvement. 1996, 35（10）: 10-13.

[ 15 ] WATKINS R, LEIGH D, PLATT W, et al. Needs assessment—a digest, review, and comparison of needs assessment literature [J]. Performance Improvement. 1998, 37（7）: 40-53.

[ 16 ] HAROLD D, STOLOVICH, KEEPS E J.Handbook of human performance

technology[M].San Francisco:Jossey-Bass/Pfeiffer Publishers,1999.

［17］布洛克.完美咨询：咨询顾问的圣经（第3版）[M].黄晓亮，译.北京：机械工业出版社，2013.

［18］崔连斌，胡丽.2015年度中国培训行业研究报告［R］.无锡：安迪曼咨询，2015.

［19］崔连斌，胡丽.2020年度中国培训行业研究报告［R］.无锡：安迪曼咨询，2020.

［20］金承刚，李佳，陈丽，等.政策、项目干预效果评价的不同设计及内部效度比较研究[J].中国卫生经济，2012，31（4）：79-82.

［21］古普塔.需求评估实施指南[M].闫晓珍，张杰，译.北京：北京大学出版社，2007.

［22］刘杰勋.浅述培训评估的时机选择与应用[J].科技创新与应用，2014（8):260.

［23］刘美凤，方圆媛.绩效改进[M].北京：北京大学出版社，2011.

［24］王俊杰.名企员工培训最佳管理实践[M].北京：中国法制出版社，2017.

［25］威廉·J.罗思韦尔，H.C.卡扎纳斯.掌握教学设计流程（第3版）[M].李洁，李元明，译.北京：北京大学出版社，2007.

［26］张祖忻.绩效技术概论[M].上海：上海外语教育出版社，2005.

［27］梁林梅.教育技术学视野中的绩效技术研究［D］.上海：华东师范大学，2004.

［28］朱歆玥，蒲晓红.企业基于Goldstein模型的员工培训需求分析[J].集团经

济研究，2007（03Z）:1.

［29］钟琳，徐鲁强.基于Goldstein模型的员工培训绩效分析[J].现代管理技术，2011，38（12）:43-46.

［30］柯克帕特里克 D L，柯克帕特里克 J D.如何做好培训评估：柯氏四级评估法[M].奚卫华，林祝君，等译.北京：机械工业出版社，2007.

# 致 谢

书稿即将付梓，掩卷之际终于有了些许轻松欣慰，更感责任与使命。从事培训工作20多年以来，我们始终扎根人才发展领域的治学研究，推动智慧学习，成就组织未来。根据多年研究和亲身实践，我们认为，对任何组织而言，无论是人才培养项目设计、企业级年度培训计划制订、企业赋能中心规划，还是人才链体系建设，首要且关键的工作都离不开准确分析与定位需求。作为指导各项培训设计的第一步，需求分析只有足够精准，培训工作才能靶向发力，为组织战略和人才战略的落地提供有力的支撑。

尽管需求分析与诊断能力是培训从业者必须牢固掌握的基本功，但实践中大部分人在需求分析的认知与专业能力具备度上仍有较大的提升空间，希望本书能为读者带来一些启迪与帮助，以学习需求分析的专业技术，找到一些解决问题的方法和可借鉴的成功案例。为了使读者更好地理解与实践本书内容，本书结合国内外需求分析、绩效改进、培训效果评估等方法理论，将实际的项目案例和经验融入专业技术与方法论的阐释中，以提高内容的可读性及实用性，方便读者转化应用。

我们在本书中从企业实践的角度表达看法和建议，更加聚焦客户的痛点与诉求，并在框架设计及内容编排上有所侧重，力争写出一本在理论与实践两方面均有高度、宽度和深度的专业书籍。

在撰稿过程中，我们得到了许多朋友的帮助。感谢安迪曼团队成员简瑞霖博士、马丽、刘俊峰等的辛勤努力和大力支持！相信对于本书的出版，远在天堂的简瑞霖博士一定会感到喜乐。

本书在出版过程中得到了电子工业出版社的大力协助和支持。出版社专家与我们共同策划了安迪曼系列丛书，本书是该系列丛书的其中之一。电子工业出版社对本书的结构、关键内容和目标读者定位提供了宝贵的指导意见。

写书是一个漫长的脑力与体力并重的、需要砥砺前行的过程。在这一过程中，感谢我们勤劳朴实的父亲和母亲，你们的爱与支持让我们心无旁骛、专注投入；感谢我们聪明智慧的4个小天使———希卓、亘卓、子卓、文卓，你们给予了我们坚定前行的能量与动力。

以上并不能完全表达我们对所有人的谢意，在此，我们对所有为本书的出版做出直接或间接贡献的个人和组织表达由衷的感谢！

# 关于安迪曼集团

安迪曼集团创立于2010年，旗下包括安迪曼咨询、享学科技和塔伦特咨询三大主营业务板块。目前在北京、上海、广州、深圳、无锡设有分公司，在天津、西安、济南、郑州、成都、重庆、福州等十余个核心城市布有区域服务中心，为全国范围内的互联网、金融、房地产、制药医疗、能源、装备制造、高新科技、快消零售、教育等数十个行业的3000多家灯塔级优秀客户提供企业人才发展解决方案，直接触达受益人数在1000万以上。

 **安迪曼咨询**

安迪曼咨询协助企业建设优质人才供应链，进而提高人效和组织能力。作为人才战略全价值链服务供应商，安迪曼咨询致力于创建智慧学习生态，引领学习变革，为个人与组织提供平等、自由、有效的学习解决方案和人才战略落地的综合性服务。

 **享学科技**

享学科技为企业提供人才供应链相关的数字化解决方案。享学科技帮助企业一键建立专属线上企业大学或赋能中心，搭建线上与线下相结合的混合式训练体系，帮助企业随时随地、随需而变地训练人才，更加智慧地

学习，最终建立数字化人才供应链系统。享学科技的解决方案能够与企业多种互联网系统进行无缝对接和功能延展。

 **塔伦特咨询**

塔伦特咨询专注于为企业提供企业经营及领导力开发方面的训练课程。塔伦特咨询采用模拟化、场景化、游戏化等激励方式，通过引进和独立开发的仿真模拟课程有效激发员工自主学习的动力，促进学习效果转化，进而促使组织绩效达成，实现企业的创新发展。

# 反侵权盗版声明

　　电子工业出版社依法对本作品享有专有出版权。任何未经权利人书面许可，复制、销售或通过信息网络传播本作品的行为；歪曲、篡改、剽窃本作品的行为，均违反《中华人民共和国著作权法》，其行为人应承担相应的民事责任和行政责任，构成犯罪的，将被依法追究刑事责任。

　　为了维护市场秩序，保护权利人的合法权益，我社将依法查处和打击侵权盗版的单位和个人。欢迎社会各界人士积极举报侵权盗版行为，本社将奖励举报有功人员，并保证举报人的信息不被泄露。

举报电话：（010）88254396；（010）88258888

传　　真：（010）88254397

E-mail:　　dbqq@phei.com.cn

通信地址：北京市万寿路 173 信箱

　　　　　电子工业出版社总编办公室

邮　　编：100036